«En medio de una sociedad marcada por el individualismo y el consumismo, Sugel nos ha regalado una obra de lectura amena y con facilidad de comprensión para recordarnos que la naturaleza de la Iglesia requiere que cada uno de sus miembros piense en términos comunitarios y se vea a sí mismo como un contribuyente y no como un consumidor. Este libro te llevará a saborear el privilegio de ser miembro del cuerpo de Cristo y a la vez, te instruirá acerca de las responsabilidades de pertenecer a una comunidad llamada "linaje escogido, nación santa, real sacerdocio". No llenar las expectativas que Cristo tiene de ti como parte de Su familia es pecar contra Su novia y, aún más, es pecar contra el Novio mismo. Lee este libro, llévalo a la práctica y eso enriquecerá tu vida como discípulo, honrará al Maestro y bendecirá a tus hermanos».

Miguel Núñez
Iglesia Bautista Internacional

«Ser cristiano va más allá de tener una relación personal con Jesús, ya que Él mismo nos manda a tener una relación comunitaria con Su esposa, la Iglesia. Con un lenguaje llano y una teología robusta, el pastor Sugel Michelén nos muestra desde la Escritura esta vital necesidad de pertenecer a una iglesia local y vivir en un contexto de comunidad. Siendo franco, desconozco de algún otro libro escrito en español que aborde la membresía de la iglesia desde una perspectiva pastoral, como lo hace aquí Sugel».

Giancarlo Montemayor
9marcas y B&H

«Leer lo que un biógrafo tiene que decir de un personaje que conoce bien es una gran ventaja. Si además de esto es objetivo a pesar de su amor hacia el biografiado y capaz de proveernos una presentación cautivadora, entonces será difícil detener la lectura. En *El cuerpo de Cristo* tenemos algo similar. Todos los años en el ministerio pastoral que tiene el pastor Sugel Michelén le hacen un gran conocedor de la Iglesia de Cristo. Pero lo que en realidad resalta el valor de esta obra es que, a pesar del amor que conozco de cerca que él tiene hacia la esposa del Cordero, este libro no carece de objetividad, sino que mantiene la armonía y el balance con que las Escrituras presentan esta trascendental doctrina. De manera personal, he sido beneficiado de las enseñanzas de este libro y puedo recomendarlo con entusiasmo, pues la presentación también es cautivadora. Los pastores deben leerlo, los miembros de las iglesias deben leerlo, y anhelo que aun los que están inseguros con el tema de la membresía de la iglesia lo lean también. Es una excelente "biografía" de la esposa de Jesús».

Salvador Gómez Dickson
Iglesia Bíblica del Señor Jesucristo

SUGEL MICHELÉN

EL
CUERPO
— DE —
CRISTO

¿POR QUÉ DEBO
SER UN MIEMBRO
DE LA IGLESIA LOCAL?

ESPAÑOL

NASHVILLE, TENNESSEE

A los miembros de Iglesia Bíblica del Señor Jesucristo, que con tanta avidez reciben el ministerio de la Palabra. Es un gozo y un privilegio pastorear una congregación que a través de toda su historia ha manifestado un creciente aprecio por el evangelio de la gloria de Cristo y sus implicaciones. Dios me es testigo de cómo los amo en el entrañable amor de nuestro Señor y Salvador.

Índice de contenidos

Prefacio
Un lugar solemne y dulce

¡Cuán solemne y dulce aquel lugar donde mora el Señor!
Allí de sus manjares Él despliega lo mejor.

¡Banquete rico! El corazón, admirando, clama así:
«¿Por qué, Señor? ¿Por qué será que me invitaste a mí?».

«¿Por qué me hiciste oír tu voz, y entrar a tu bondad?
Pues miles de hambre mueren ya rehusando tu verdad».

Pues el mismo amor que el manjar sirvió,
Dulcemente a entrar me llevó;
Si no, en mi pecado aún habría estado yo.

Sobre las naciones, ¡piedad, Señor! constríñelas a llegar;
Envía tu Palabra allí y tráelas al hogar.

Tus iglesias llenas nos urge ver, para que, con un corazón,
La raza escogida de tu gracia eleve el son. Amén.[1]

Cuando Dios obra por Su Espíritu para salvación, por medio del evangelio, Él nos llama a tener comunión tanto con Su Hijo Jesucristo (1 Cor. 1:9), como con Su pueblo (Hech. 2:41, 47; 1 Cor. 10:16-17; 12:27). La comunión con Jesús y la comunión con la iglesia están íntimamente relacionadas en el Nuevo Testamento.

---

1. Tomado de Himnario Bautista de la Gracia, Publicaciones Faro de Gracia, 2002.

Los creyentes somos piedras vivas con las cuales Dios está edificando un Templo espiritual para la gloria de Su Hijo (Ef. 2:19-22; 3:20-21; 1 Ped. 2:4-5). De manera que es un precioso y dulce privilegio congregarnos cada semana para tener comunión con los redimidos del Cordero, y ser alimentados por Cristo por medio de Su evangelio.

Es esa sorprendente realidad la que Isaac Watts (1674-1748) quiso plasmar en su himno titulado: *How sweet and awful is the place*, traducido al español como: «Cuán solemne y dulce es el lugar». Watts fue un teólogo y compositor, conocido como el padre de la himnodia inglesa. Compuso unos 750 himnos, muchos de los cuales han sido traducidos a diversos idiomas. Fue también un prolífico escritor de ensayos y obras educativas, tanto en el área de la teología como de la lógica. Poseía una mezcla inusual de sensibilidad poética y objetividad doctrinal, la cual se puede percibir en este himno. En forma poética, Watts expresa el sentimiento de asombro, gozo y gratitud que debería experimentar el creyente al ser invitado por Cristo mismo a venir al banquete de gracia servido cada semana en medio de Su pueblo.

En la primera estrofa, Watts nos invita a considerar algo que fácilmente podemos perder de vista al contemplar la iglesia congregada: debido a la presencia del Rey Jesús en medio nuestro (Mat. 18:20), estamos en un lugar asombroso y dulce a la vez. El Señor mora en Su iglesia (1 Tim. 3:15). Como lo expresa el himno en inglés,[2] Él está dentro de las puertas cuando nos congregamos en Su nombre, alimentando a los Suyos con el manjar de Su Palabra. Si contempláramos esa reunión con los ojos de la fe, exclamaríamos como Jacob:

---

2. Las primeras dos líneas del original en inglés, dicen: «*How sweet and aweful is the place, With Christ within the doors*» [Cuán solemne y dulce es el lugar, con Cristo dentro de sus puertas].

«¡Cuán imponente es este lugar! Esto no es más que la casa de Dios, y esta es la puerta del cielo» (Gén. 28:17).

En las siguientes tres estrofas, Watts reacciona admirado y sorprendido por haber sido escogido para participar de ese banquete de gracia: «¿Por qué, Señor? ¿Por qué será que me invitaste a mí?». No fue por nuestra bondad, ni porque en Su omnisciencia Jesús sabía que íbamos a creer. Fue por el puro afecto de Su voluntad que fuimos invitados, y movidos eficazmente por el poder de Su Espíritu a responder a la invitación:[3] «¿Por qué me hiciste oír tu voz, y entrar a tu bondad? Pues miles de hambre mueren ya rehusando tu verdad». Miles rehúsan venir, no porque no fueron invitados en el llamado general del evangelio, sino porque eligen continuar apartados de Dios y perdidos en sus pecados.[4]

Nosotros también seríamos parte de esa multitud, de no haber sido porque Aquel que sirvió el manjar, con cuerdas de amor nos atrajo hacia Él, para hacernos parte de Su pueblo y probar cada domingo de Su bendita gracia: «Pues el mismo amor que el manjar sirvió, dulcemente a entrar me llevó; si no, en mi pecado aún habría estado yo».

En la siguiente estrofa, Watts eleva una súplica por las naciones, pidiendo a Dios que envíe Su Palabra, para que muchos que andan errantes, muertos en sus delitos y pecados, sean traídos también a la casa del Padre: «Sobre las naciones, ¡piedad, Señor! constríñelas a llegar; envía tu Palabra allí y tráelas al hogar». Es mi deseo que ese evangelio, que es poder de Dios para salvación, sea enviado hasta lo último de la tierra, para que aquellos que hoy son «extranjeros y advenedizos» vengan a ser «conciudadanos de los santos, y miembros de la familia de Dios» (Ef. 2:19).

---

3. Efesios 1:3-6; 1:18-20; Juan 6:44.
4. Juan 3:19-20; 5:40.

El himno concluye expresando el anhelo de todo verdadero creyente: que a través de Sus iglesias, el Señor continúe llamando a Sus escogidos por medio de la proclamación del evangelio a todo pueblo, lengua, tribu y nación. Para que con una sola voz, un corazón y un alma, canten de la gracia redentora del Cordero:[5] «Tus iglesias llenas nos urge ver, para que, con un corazón, la raza escogida de tu gracia eleve el son».

El anhelo de mi corazón, y mi oración a Dios, es que al terminar este libro puedas experimentar el mismo asombro que Watts plasmó de una manera hermosa en este himno. El asombro de pertenecer por gracia a ese «linaje escogido, real sacerdocio, nación santa, pueblo adquirido por Dios, para que anunciéis las virtudes de aquel que os llamó de las tinieblas a su luz admirable» (1 Ped. 2:9). Este es un himno antiguo, compuesto por Isaac Watts en 1707. Pero su mensaje es atemporal. La iglesia es y seguirá siendo un lugar solemne y dulce, con Cristo dentro de sus puertas, desplegando lo mejor de Sus manjares para aquellos que Él compró con Su bendita sangre. Hoy parece débil y pequeña. Pero sigue siendo a través de la iglesia que el Señor da a conocer Su infinita sabiduría «a los principados y potestades en los lugares celestiales, conforme al propósito eterno que hizo en Cristo Jesús nuestro Señor» (Ef. 3:10-11).

---

5. *We long to see thy churches full, that all the chosen race may with one voice and heart and soul sing thy redeeming grace.*

Introducción

El libro que tienes en tus manos es acerca de la iglesia, pero no es un tratado de eclesiología. Hay muchas enseñanzas sobre la iglesia en la Escritura que solo serán tratadas de una forma superficial en esta obra. El tema de este libro es la imperiosa necesidad de que los creyentes en Cristo pasen a ser miembros de una iglesia local, con todas las implicaciones que conlleva esa membresía. Y debo adelantarme a decir que este tema tiene el potencial de llegar a ser explosivamente polémico en esta generación en la que nos ha tocado vivir y ministrar.

Alguien decía que los seres humanos vamos absorbiendo los rasgos predominantes de nuestra cultura, como el aire que respiramos. Y los cristianos no estamos exentos. De ahí la exhortación de Pablo en Romanos 12:2 a no dejarnos amoldar a este mundo, sino dejarnos transformar por medio de la renovación de nuestro entendimiento. Debemos resistir conscientemente que el mundo nos moldee a su manera. Por otra parte, esta es una generación marcadamente individualista. Eso quiere decir que la autoridad final reside en el individuo y en nadie más. Cada cual tiene derecho a decidir lo que está bien y lo que está mal, y es la realización del individuo lo que importa. De manera que todo lo que se perciba como una amenaza a lo que el individuo quiere y aspira debe ser rechazado.

Hay una percepción generalizada de que debemos ser guiados por nuestros sentimientos subjetivos, por los impulsos espontáneos del corazón, mientras rechazamos todo tipo de restricción externa. Las instituciones se perciben como un obstáculo para que el individuo pueda alcanzar su pleno desarrollo. Esta es una generación absolutamente antiautoritaria. Es por eso que los héroes de hoy día son como el personaje ficticio de Jason Bourne, un asesino entrenado por la CIA, que ahora actúa por su cuenta y lo resuelve todo sin la ayuda de nadie. El individuo obra por sí solo y es gobernado únicamente por sus propias reglas.

Este individualismo, tan predominante en nuestra cultura, impacta negativamente la forma como percibimos la iglesia. Porque, aunque la iglesia no es primariamente una organización, sino un organismo, el Cuerpo vivo del Cristo vivo, se trata de un organismo que posee organización, estructura y autoridad. Y, sin embargo, como espero demostrar más adelante, es en el contexto de una membresía responsable, dentro de ese organismo estructurado, que los cristianos pueden crecer y desarrollarse espiritualmente para ser cada vez más semejantes a nuestro Señor Jesucristo.

Pero esta generación no solo es predominantemente individualista, sino también consumista. Las personas están más preocupadas por lo que pueden obtener de los demás, que por amar y servir sacrificialmente. En una iglesia consumista los miembros se congregan pasivamente cada domingo a recibir lo que se les ha preparado, en vez de asistir para ser equipados con el propósito de poder ministrar mejor a otros. Y cuando la iglesia no se adapta a sus preferencias personales, simplemente optan por congregarse en otro lugar.

Es impresionante cómo las personas cambian de iglesia el día de hoy, con la misma facilidad con la que cambian de supermercado cuando las ofertas de uno les parecen mejor que las del otro. Y, por supuesto, el individualismo y el consumismo traen como resultado una fobia al compromiso.

Cuando la felicidad y la realización del individuo vienen a ser lo más importante, la gente tiende a rechazar todo aquello que le imponga obligaciones. Somos una generación que quiere beneficios sin responsabilidades. Es por eso que tantas parejas deciden vivir en unión libre. «Yo te amo y no necesito un documento legal para probarlo; no estropeemos nuestro amor con la burocracia del matrimonio». Estas palabras pueden parecer sumamente románticas, pero lo que están diciendo en realidad es que estas personas no quieren atarse una a la otra de por vida y cerrarse a otras opciones. Lo triste es que hay muchas personas que profesan ser cristianas y que tienen esa misma actitud hacia la iglesia. «Yo amo a Jesús, pero no lo suficiente como para comprometerme con un grupo particular de cristianos y amarlos incondicionalmente». Y eso sin contar la enorme cantidad de personas que sí pertenecen a la membresía de una iglesia local, pero no parecen entender lo que eso realmente significa.

Las consecuencias de asumir esta perspectiva de la iglesia, tanto para el testimonio cristiano en el mundo, como para el proceso de santificación de los creyentes, son catastróficas, porque la iglesia no es un elemento incidental en la historia de la redención. Como espero demostrar en este libro, la iglesia no fue el plan B de Dios cuando los judíos rechazaron al Mesías y lo clavaron a una cruz. ¡La iglesia siempre fue el plan A! Así que, si profesas ser cristiano, espero convencerte de que debes procurar unirte a una iglesia local si aún no lo has hecho. Si ya eres miembro, espero que este libro te ayude a ver las implicaciones de tu membresía, y a asumir con entusiasmo y expectativa el compromiso que hiciste al venir a formar parte de una comunidad de pecadores redimidos no glorificados. Es en esta interacción unos con otros donde los creyentes somos gradualmente transformados a la imagen de nuestro gran Dios y Salvador Jesucristo.

1

La iglesia: ayuda idónea del segundo Adán

«Maridos, amad a vuestras mujeres, así como Cristo amó a la iglesia y se dio a sí mismo por ella, para santificarla, habiéndola purificado por el lavamiento del agua con la palabra, a fin de presentársela a sí mismo, una iglesia en toda su gloria, sin que tenga mancha ni arruga ni cosa semejante, sino que fuera santa e inmaculada. Así también deben amar los maridos a sus mujeres, como a sus propios cuerpos. El que ama a su mujer, a sí mismo se ama. Porque nadie aborreció jamás su propio cuerpo, sino que lo sustenta y lo cuida, así como también Cristo a la iglesia; porque somos miembros de su cuerpo. Por esto el hombre dejará a su padre y a su madre, y se unirá a su mujer, y los dos serán una sola carne. Grande es este misterio, pero hablo con referencia a Cristo y a la iglesia».

Efesios 5:25-32

T odo el que haya tenido algún contacto con la Biblia sabe que la misma está dividida en dos grandes porciones: el Antiguo Testamento y el Nuevo Testamento. Si la lee y estudia con cuidado se dará cuenta de que el eje central de ambos Testamentos es el Señor Jesucristo. Mientras el Antiguo Testamento nos prepara para Su venida, en el Nuevo vemos el cumplimiento de las cosas que se anuncian sobre Él en el Antiguo. Es por eso que no podemos entender correctamente el Antiguo Testamento a menos que lo veamos con los ojos del Nuevo. Así como tampoco podemos entender plenamente el Nuevo Testamento a menos que lo interpretemos sobre la base del Antiguo.

Imagina a dos hermanos que están peleando porque ambos quieren leer una novela de misterio de Agatha Christie de unas 400 páginas. Cuando el papá se da cuenta de lo que está sucediendo, decide aplicar la sabiduría de Salomón y parte el libro por la mitad. Las primeras 200 páginas se las da al hermano mayor y el resto del libro al hermano menor. ¿Resolvió satisfactoriamente el problema? Por supuesto que no, porque ahora ninguno de los dos podrá entender la novela cabalmente. Y lo mismo sucede con la Biblia. Nadie podrá captar su mensaje completo si lee únicamente a partir del Evangelio de Mateo, y deja de lado toda la sección que va desde Génesis hasta Malaquías.

Lamentablemente, muchos ven el Antiguo Testamento como el «desafortunado prefacio» de la parte de la Biblia que realmente importa.[1] Y eso afecta su entendimiento de todas las grandes doctrinas de la Escritura, incluyendo la doctrina de la iglesia. Es imposible entender la naturaleza de la iglesia y el lugar que ocupa en el plan redentor de Dios, a menos que comencemos en el libro de Génesis, porque es allí donde comienza la gran historia de redención que se revela en toda la Biblia. Eso es lo que estaremos haciendo en este capítulo. Espero mostrarte que los primeros tres capítulos del Génesis son indispensables para entender la obra de Cristo, así como la naturaleza

---

1. Richter, Sandra L., _The Epic of Eden_, (Downers Grove: InterVarsity Press, 2010), 16.

y función de la iglesia. Aunque la palabra «iglesia» no aparece en esos capítulos, es allí donde comienza la historia en la cual la iglesia será un elemento esencial. Comencemos, entonces, desde el principio, mientras te pido que leas con paciencia la historia del primero y segundo Adán. Tengo la esperanza de que este viaje hacia el origen de la historia bíblica te ayude a comprender mejor la membresía de la iglesia local y su importancia.

El primer Adán

En la historia bíblica hay ciertos personajes, eventos e instituciones que prefiguran a otros que vendrían después. Esto se conoce como un tipo, un elemento más antiguo que prefigura o anticipa a uno posterior que lo completa o complementa.[2] Es en ese sentido que Pablo nos indica en Romanos 5:14 que Adán es un tipo o figura de Cristo. Adán es un personaje histórico real, que al mismo tiempo prefigura a Cristo. Es por eso que Pablo se refiere a Cristo, en 1 Corintios, como el postrer Adán (1 Corintios 15:45). De igual forma, en el texto de Efesios 5 que encabeza este capítulo, Pablo nos expresa que la relación matrimonial entre Adán y Eva prefiguraba la relación de Cristo con la iglesia. Si no leemos los tres primeros capítulos del Génesis con esto en mente, vamos a tener un entendimiento defectuoso del lugar que ocupa la iglesia en el plan redentor de Dios. Es como leer un libro sin la primera mitad. Vamos a perder de vista elementos que son esenciales para la correcta interpretación de la Escritura.

2. Goldsworthy, Graeme, *Cómo predicar de Cristo usando toda la Biblia*, (Medellín: Torrentes de Vida, 2017), 115.

Comencemos, entonces, desde el principio, en el momento en que Dios crea al hombre, al sexto día de la primera semana de la historia.

«Y dijo Dios: Hagamos al hombre a nuestra imagen, conforme a nuestra semejanza; y ejerza dominio sobre los peces del mar, sobre las aves del cielo, sobre los ganados, sobre toda la tierra, y sobre todo reptil que se arrastra sobre la tierra. Creó, pues, Dios al hombre a imagen suya, a imagen de Dios lo creó; varón y hembra los creó. Y los bendijo Dios y les dijo: Sed fecundos y multiplicaos, y llenad la tierra y sojuzgadla; ejerced dominio sobre los peces del mar, sobre las aves del cielo y sobre todo ser viviente que se mueve sobre la tierra». (Gén. 1:26-28)

Luego de haber creado todo lo que existe en los primeros cinco días de la creación, Dios creó al hombre y a la mujer a Su imagen y semejanza. Esa imagen de Dios en el hombre incluye las facultades mentales y espirituales que el hombre posee, así como su capacidad de ejercer dominio sobre todo lo creado, su capacidad de relacionarse con Dios, y sus capacidades creativas.

Un elemento que debemos resaltar en Génesis 1 es que Dios aparece hablando en plural: *«Hagamos al hombre a nuestra imagen, conforme a nuestra semejanza».* Por el resto de la Escritura sabemos que existe un solo Dios, el cual subsiste en tres Personas en perfecta comunión y armonía: el Padre, el Hijo y el Espíritu Santo. Tres personas, pero un solo Dios. Y nuestro texto nos enseña que ese Dios creó a los seres humanos, varones y hembras, para que disfrutaran entre ellos esa misma comunión y armonía que ha existido siempre en las tres Personas de la Trinidad. Dios creó al hombre para vivir en comunidad.

El texto nos enseña también, en el versículo 28, que Adán y Eva tenían una tarea que cumplir: debían propagar la especie humana para llenar la tierra de seres humanos creados a imagen y semejanza de Dios. Así que la primera encomienda que Adán y Eva recibieron de parte de Dios como pareja era llenar la tierra de imágenes vivientes de Dios. Como hemos dicho ya, Dios también les ordenó ejercer dominio sobre todo lo creado, funcionando como corregentes de la creación bajo la autoridad de Dios. De manera que desde el principio Dios le concedió al hombre el oficio de rey, aunque obviamente subordinado a la máxima autoridad de Dios.

En el capítulo 2 de Génesis, Moisés nos narra por segunda ocasión la historia de la creación del hombre y la mujer, pero añadiendo un poco más de detalle. Es como si Moisés hiciera un acercamiento para que contemplemos con mayor amplitud esa escena en particular. Y allí aprendemos que Adán fue creado primero que Eva, del polvo de la tierra, y que Dios lo colocó en el huerto del Edén, donde le dio un mandato positivo y uno negativo:

«Entonces el Señor Dios tomó al hombre y lo puso en el huerto del Edén, para que lo cultivara y lo cuidara. Y ordenó el Señor Dios al hombre, diciendo: De todo árbol del huerto podrás comer, pero del árbol del conocimiento del bien y del mal no comerás, porque el día que de él comas, ciertamente morirás». (Gén. 2:15-17)

El hombre debía cultivar y proteger el huerto. Esas eran sus dos tareas primarias. Pero Dios también le ordenó abstenerse de comer de uno de los árboles del huerto, el árbol de la ciencia del bien y del mal, como un recordatorio de que él no tenía autoridad para definir lo bueno y lo malo. El hombre disfrutaba de plena libertad en el huerto, pero dentro de los límites impuestos por Dios.

Más adelante Dios crea a Eva de una costilla de Adán para ser su ayuda idónea. Adán no podía llevar a cabo la tarea que Dios le había encomendado sin tener a su lado una ayuda como Eva. Debemos notar también que el Edén era mucho más que un huerto, era un santuario. Génesis 3:8 afirma que Dios se paseaba por el huerto «al aire del día». Pero dado que Adán y Eva ya habían pecado en ese punto de la historia, el texto señala que se escondieron de la presencia del Señor. De manera que Dios manifestaba Su presencia especial en el Jardín del Edén, de forma similar a como habría de suceder más adelante en el tabernáculo y el templo, los dos santuarios de Dios en el A.T. Es por eso que tanto el tabernáculo como el templo nos recuerdan en su diseño al Jardín del Edén por las figuras en forma de árboles que Dios ordenó incluir en su diseño (comp. Ex. 25:31-35; 1 Rey. 6:18, 29, 32, 35; Ezeq. 40:16, 26, 31, 34, 37; 41:18, 25). Dios quería que, al ver el tabernáculo y el templo, Su pueblo recordara el huerto del Edén. Y es por esa misma razón que en los capítulos finales del libro de Apocalipsis, cuando se describe la morada final de los creyentes en la presencia de Dios, se incluyen varios de los elementos que encontramos en Edén. Entre ellos, el árbol de la vida y el río que se encontraba en medio del huerto (Apoc. 22:1-2).

En resumen, Dios les encomendó a Adán y Eva la tarea de llenar la tierra de seres humanos creados a Su imagen. Estos habrían de ejercer dominio sobre toda la creación, mientras extendían el santuario del Edén hasta cubrir todo el planeta. De esa manera, toda la tierra sería llena de la gloria de Dios.

Lamentablemente, Adán no protegió el huerto como Dios lo ordenó, dejando que la serpiente introdujera una nueva interpretación de la realidad, contraria a la Palabra de Dios. Y lo que es peor aún, ellos decidieron creer la mentira de la serpiente de que al rebelarse contra la autoridad de Dios vendrían a ser como Él. «Dios les ha mentido. Si comen del árbol prohibido, en vez de morir, seréis como Él», le expresa la serpiente a Eva, en Génesis 3:5.

De haber permanecido en obediencia, debemos suponer que Adán y Eva habrían sido confirmados en santidad y habrían disfrutado de la vida eterna en la presencia de Dios. Pero ellos decidieron rebelarse contra Él. Y tal como Dios había advertido, en Génesis 2:17, junto con el pecado entró la muerte en el mundo. Adán y Eva murieron espiritualmente en ese mismo instante. Esto es, perdieron la comunión que antes disfrutaban con Dios, y la imagen de Dios en ellos quedó desfigurada. Sus cuerpos también comenzaron a experimentar ese proceso de decaimiento que termina en la muerte física. Y ambos fueron expulsados del Jardín del Edén. Leemos en Génesis 2:24 que Dios puso querubines y una espada encendida para guardar la entrada del huerto.

Ningún ser inmundo puede tener acceso al santuario de Dios. Pero gracias al Señor que la historia bíblica no termina en Génesis 3. Antes de expulsar al hombre del paraíso, Dios hizo una promesa: Él habría de enviar a un Hombre, nacido de mujer, que aplastaría la cabeza de la serpiente, aunque Él sería herido en el calcañar (Gén. 3:15). En cierto modo podemos decir que todo lo que la Biblia enseña a partir de este momento, no es más que el desarrollo de esa promesa.

La misión que se les había encomendado a Adán y Eva de llenar la tierra de seres humanos creados a la imagen de Dios, y de ejercer dominio sobre la creación mientras extendían el santuario del Edén, no quedaría inconclusa. Dios levantaría un Hombre, el segundo Adán, que habría de salir victorioso donde el primer Adán fracasó miserablemente. De esta manera, la imagen de Dios en nosotros sería restaurada y el hombre disfrutaría de nuevo de la comunión con Dios en un paraíso mil veces más glorioso que el primero. Esa es la gran historia de redención que se revela en la Biblia. Más adelante, leemos que Dios escogió a un hombre llamado Abraham para hacer de Él una gran nación, tan numerosa como las estrellas del cielo y la arena del mar. Y a través de su descendencia todas las familias de la tierra serían benditas.

«Y el Señor dijo a Abram: Vete de tu tierra, de entre tus parientes y de la casa de tu padre, a la tierra que yo te mostraré. Haré de ti una nación grande, y te bendeciré, y engrandeceré tu nombre, y serás bendición. Bendeciré a los que te bendigan, y al que te maldiga, maldeciré. Y en ti serán benditas todas las familias de la tierra». (Gén. 12:1-3)

«Lo llevó fuera, y le dijo: Ahora mira al cielo y cuenta las estrellas, si te es posible contarlas. Y le dijo: Así será tu descendencia. Y Abram creyó en el Señor, y Él se lo reconoció por justicia». (Gén. 15:5-6)

«Cuando Abram tenía noventa y nueve años, el Señor se le apareció, y le dijo: Yo soy el Dios Todopoderoso; anda delante de mí, y sé perfecto. Y yo estableceré mi pacto contigo, y te multiplicaré en gran manera. Entonces Abram se postró sobre su rostro y Dios habló con él, diciendo: En cuanto a mí, he aquí, mi pacto es contigo, y serás padre de multitud de naciones. Y no serás llamado más Abram; sino que tu nombre será Abraham; porque yo te haré padre de multitud de naciones». (Gén. 17:1-5)

¿Te das cuenta? Lo que Dios había dicho a Adán en forma de mandato, que debía multiplicarse y llenar la tierra con sus descendientes, ahora se lo expresa a Abraham en forma de promesa. Es Dios el que promete hacer de Abraham una gran nación y padre de multitud de naciones; y es Dios el que promete también bendecir toda la tierra a través de Abraham y de su descendencia. De manera que la nación de Israel, la cual surge de Abraham, no existía para sí misma, sino para extender el conocimiento de Dios a través de las naciones. Pero eso solo sería posible si se mantenían fieles al pacto que Dios hizo con ellos cuando los rescató de la esclavitud en Egipto.

«Ahora pues, si en verdad escucháis mi voz y guardáis mi pacto, seréis mi especial tesoro entre todos los pueblos, porque mía es toda la tierra; y vosotros seréis para mí un reino de sacerdotes y una nación santa. Estas son las palabras que dirás a los hijos de Israel». (Ex. 19:5-6)

La función de los sacerdotes es mediar entre Dios y los hombres. Y la nación de Israel fue constituida por Dios como un reino de sacerdotes. Se suponía que ella fuera una especie de intermediaria entre Dios y el resto de humanidad, para esparcir por toda la tierra el conocimiento y la adoración del Dios vivo y verdadero. Con ese propósito, Dios los colocó en la tierra de Canaán, el paso obligado del norte al sur. Todas las naciones tendrían que pasar por Israel y ver allí lo que Dios había hecho con esa nación.

Pero al igual que Adán en el paraíso, Israel fracasó en la misión que Dios le había encomendado. Ellos tampoco permanecieron fieles al pacto y fueron expulsados de su tierra. Era evidente que la solución del problema que surgió en el Edén no estaba en manos del hombre, sino en las manos de aquel Salvador que fue prometido a nuestros primeros padres en la caída.

El segundo Adán

Cuando llegamos al Nuevo Testamento, se nos enseña explícitamente que el Señor Jesucristo es la simiente de la mujer; el hijo de Adán que fue prometido en el huerto del Edén (Luc. 3:23-28). Él es también el descendiente de Abraham por medio del cual serían benditas todas las familias de la tierra (Mat. 1:1; Gál. 3:16).

El Hijo de Dios se encarnó para poder enfrentar como hombre la misma prueba que Adán enfrentó en el huerto y salir victorioso. Es por eso que, inmediatamente después de Su bautismo, Jesús fue impulsado por el Espíritu al desierto para ser tentado por el diablo. Fue como un hijo de Adán que Jesús enfrentó a Satanás en el monte de la tentación. Y el contraste entre este evento histórico y la tentación en Edén en Génesis 3 no podía ser más marcado.

Adán estaba en el paraíso, con todas sus necesidades cubiertas, y aun así pecó. Jesús estaba en un desierto inhóspito y hostil (rodeado de fieras, enseña en Mar. 1:13), y llevaba 40 días sin comer, pero aun así no pecó. Adán era un hombre creado a imagen de Dios, que cedió a la tentación de querer ser como Dios. Jesús, en cambio, siendo Dios se hizo hombre. Como hombre, y en obediencia al Padre, asumió nuestra culpa, muriendo en nuestro lugar para devolvernos el paraíso que Adán perdió por su desobediencia. Jesús tuvo que ser traspasado por aquella espada encendida que Dios colocó en la entrada del huerto, para que las puertas del paraíso pudieran abrirse otra vez y nuestra comunión con Dios pudiera ser restaurada.

«Por una transgresión resultó la condenación de todos los hombres, pero así también por un acto de justicia resultó la justificación de vida para todos los hombres. Porque, así como por la desobediencia de un hombre los muchos fueron constituidos pecadores, así también por la obediencia de uno los muchos serán constituidos justos». (Romanos 5:18-19)

Cristo restauró nuestra comunión con Dios al pagar por nuestros pecados en la cruz. Al mismo tiempo inicia en nosotros un proceso de transformación progresiva para restaurar en nosotros la imagen de Dios que quedó distorsionada por causa del pecado de Adán. Pablo expresa en 1 Corintios 15:49 que, así como trajimos de fábrica la imagen terrenal del primer Adán, así también los creyentes traeremos la imagen celestial del segundo Adán. En la segunda venida de Cristo, este cuerpo en estado de humillación será transformado en conformidad al cuerpo de Su gloria como enseña Pablo en Filipenses 3:21. Pero ese proceso que culminará en nuestra glorificación comienza aquí y ahora mientras los creyentes contemplan la gloria de Cristo revelada en el evangelio (2 Cor. 3:18; 4:3-6; Col. 3:9-11).

De manera que, la tarea que Adán y Eva no pudieron llevar a cabo, llenar la tierra de seres humanos creados a imagen de Dios, Cristo la está llevando a cabo ahora a través del evangelio. Y nada ni nadie podrá impedir que Él termine Su obra, por medio de Su victoria en la cruz como el segundo Adán. Nuestro Señor Jesucristo posee el dominio absoluto sobre la creación; ese dominio que el primer Adán pudo haber ejercido si hubiera permanecido en obediencia.

Cristo resucitó al tercer día, ascendió a los cielos y está reinando a la diestra de Dios, hasta que haya puesto a todos Sus enemigos por estrado de Sus pies (1 Cor. 15:25). Es esa realidad la que sirve de trasfondo a la declaración de Jesús en la Gran Comisión: «Toda autoridad me ha sido dada en el cielo y en la tierra. Id, pues, y haced discípulos de todas las naciones, bautizándolos en el nombre del Padre y del Hijo y del Espíritu Santo, enseñándoles a guardar todo lo que os he mandado; y he aquí, yo estoy con vosotros todos los días, hasta el fin del mundo»

(Mat. 28:18-20). Como el eterno Hijo de Dios, Él siempre ha tenido toda autoridad en el cielo y en la tierra. Pero Jesús está hablando aquí como el segundo Adán, quien a diferencia del primero, obtuvo como hombre una victoria aplastante sobre los poderes del mal, y ahora está sentado a la diestra de la majestad en las alturas (Heb. 1:3).

Ahora, puede ser que te estés preguntando, ¿y qué tiene que ver todo esto con la iglesia y su membresía?

La ayuda idónea del segundo Adán

A la luz de lo que hemos visto hasta aquí, ahora podemos ver con otros ojos el pasaje de Efesios 5 que encabeza este capítulo. La iglesia es la ayuda idónea del segundo Adán, la esposa del Cordero. Eso nos muestra algo del valor de la iglesia a los ojos de Dios, y de la tarea que la iglesia está llamada a hacer. Imagina cómo reaccionarías si alguien te dijera: «Contigo iría hasta el fin del mundo, pero para serte franco no soporto a tu esposa». Si eres casado y amas verdaderamente a tu esposa, supongo que no lo verías como un halago, sino como insulto.

Tristemente eso es lo que muchos hoy día parecen decir a Jesús, por la actitud que tienen hacia la iglesia: «Te amo, Señor, pero tu esposa me resulta insoportable». Fue esa esposa la que el Padre escogió para Su Hijo, para que sea Su cuerpo, unida inseparablemente a Él como el esposo con la esposa. Y fue por amor a ella que Cristo se entregó a sí mismo para santificarla. Ese es el argumento de Pablo en Efesios 5. El hombre y la mujer vienen a ser uno a través del vínculo matrimonial. A tal grado que Pablo indica a los maridos, en el versículo 28, que deben amar a sus mujeres como a sus mismos cuerpos. «El que ama a su mujer, a sí mismo se ama». Pero observa lo que sigue diciendo a partir del versículo 29:

«Porque nadie aborreció jamás su propio cuerpo, sino que lo sustenta y lo cuida, así como también Cristo a la iglesia; porque somos miembros de su cuerpo. POR ESTO EL HOMBRE DEJARÁ A SU PADRE Y A SU MADRE, Y SE UNIRÁ A SU MUJER, Y LOS DOS SERÁN UNA SOLA CARNE. Grande es este misterio, pero hablo con referencia a Cristo y a la iglesia».

Nosotros somos uno con Cristo, y es a través de nosotros que Él está haciendo Su obra en el mundo. Dios le dio una ayuda idónea al primer Adán para llenar la tierra de «imágenes vivientes de Dios» a través de la procreación. De igual manera proveyó una ayuda idónea al segundo Adán, Cristo, para llevar a cabo esa misma tarea por medio de la regeneración. A través de la regeneración Dios nos imparte nueva vida espiritual de modo que podamos responder al evangelio en arrepentimiento y fe.

Es por medio de la iglesia que el Espíritu de Dios engendra hijos espirituales a través de la proclamación del evangelio (1 Cor. 4:15). La iglesia es la ayuda idónea del Cordero, a través de la cual Él está extendiendo Sus dominios en el mundo. No por medio de la espada, sino procreando hijos espirituales por el poder de Su Espíritu actuando a través de Su Palabra. Nosotros somos las manos, los pies y la boca de Cristo en el mundo. Aparte de Su iglesia, Cristo no tiene otra ayuda idónea para llevar a cabo Su obra.

Es por medio de Sus iglesias locales que Cristo proclama, protege y ejemplifica Su verdad en el mundo. La iglesia es «columna y baluarte de la verdad», expresa Pablo en 1 Timoteo 3:15. Así como Adán tenía la obligación de proteger el huerto para que Satanás no lo infectara con sus mentiras y engaños, nosotros también, en unión con Cristo, tenemos la obligación de proteger la verdad de Dios

contra la herejía y el error. Pero eso no es suficiente. En el contexto
de la membresía de una iglesia local, los creyentes deben cuidarse
unos a otros «hablando la verdad en amor», de modo que «crezcamos
en todos los aspectos en aquel que es la cabeza, es decir, Cristo, de
quien todo el cuerpo (estando bien ajustado y unido por la cohesión
que las coyunturas proveen), conforme al funcionamiento adecuado
de cada miembro, produce el crecimiento del cuerpo para su propia
edificación en amor» (Ef. 4:11-16). Es a través de ese proceso que
somos progresivamente transformados a imagen de Cristo. Es así
como la imagen divina es restaurada en nosotros.

De manera que somos parte de algo inmensamente mayor que lo
que sucede cada domingo cuando la iglesia se congrega. Somos parte
de una historia que comenzó en el Génesis y que culminará cuando
toda la tierra sea llena de la gloria de Dios. Este planeta será un gran
santuario donde el pecado no tendrá cabida nunca más. Donde cada
ser humano reflejará íntegramente el carácter de Dios, y donde Él
recibirá toda la gloria, la honra y la adoración de la cual solo Él es
digno. Y entonces veremos asombrados cómo Dios llevó a cabo esa
obra de redención que fue anunciada en el Jardín del Edén a través de
la esposa de Cristo. Es decir, a través de miembros de iglesias locales,
hombres y mujeres comunes y corrientes, que en dependencia del
Espíritu Santo decidieron poner sus dones en operación, hablando
la verdad en amor y predicando el evangelio a los perdidos.

Dios quiso revelarnos en Su Palabra el lugar que ha ocupado la
iglesia en Su plan de redención desde el principio. Que conozcamos
lo que esa iglesia será cuando estemos con Él en Su presencia. De ese
modo, y a través de los ojos de la fe, seremos capaces de ver la iglesia
como Él la ve, y amarla y apreciarla como Él la ama y aprecia. A pesar
de los inconvenientes que muchas veces encontramos en medio de la

iglesia, aun así es un enorme privilegio ser parte de la ayuda idónea del segundo Adán.

Dios quiere que anticipemos con gozo la llegada de las bodas del Cordero. En aquel día estaremos en la presencia de nuestro Señor y Salvador, sin mancha ni arruga, contemplando Su gloria y hermosura, en un estado infinitamente superior al que disfrutaban Adán y Eva en el paraíso antes de la caída. Contemplando la iglesia de ese modo, se acrecentará tu aprecio por ella. Pero lo que es mil veces más importante, es que se acrecentará tu aprecio por Aquel que se entregó para hacerla Suya. Es por eso que, en Apocalipsis 22:4, luego de describir la gloria futura de la iglesia y el entorno de la nueva Jerusalén, Juan nos señala que «ellos verán Su rostro» La esposa no centrará su atención en su propia hermosura, sino en la gloria de Su Salvador.

La novia no mira su vestido,
Sino el rostro de su novio amado;
No mira el cielo esplendoroso
Sino al Rey de gracia.
No la corona que Él da
Sino Sus manos traspasadas;
El Cordero es toda la gloria
De la tierra de Emanuel.[3]

---

3. Palabras originales de Anne Ross Cousin (1857), basadas en las cartas de Samuel Rutherford. Traducción libre del autor.

2

Miembros del cuerpo de Cristo

«Porque así como el cuerpo es uno, y tiene muchos miembros, pero todos los miembros del cuerpo, aunque son muchos, constituyen un solo cuerpo, así también es Cristo. Pues por un mismo Espíritu todos fuimos bautizados en un solo cuerpo, ya judíos o griegos, ya esclavos o libres, y a todos se nos dio a beber del mismo Espíritu. Porque el cuerpo no es un solo miembro, sino muchos. Si el pie dijera: Porque no soy mano, no soy parte del cuerpo, no por eso deja de ser parte del cuerpo. Y si el oído dijera: Porque no soy ojo, no soy parte del cuerpo, no por eso deja de ser parte del cuerpo. Si todo el cuerpo fuera ojo, ¿qué sería del oído? Si todo fuera oído, ¿qué sería del olfato? Ahora bien, Dios ha colocado a cada uno de los miembros en el cuerpo según le agradó. Y si todos fueran un solo miembro, ¿qué sería del cuerpo? Sin embargo, hay muchos miembros, pero un solo cuerpo. Y el ojo no puede decir a la mano: No te necesito; ni tampoco la cabeza a los pies: No os necesito. Por el contrario, la verdad es que los miembros del cuerpo que parecen ser los más débiles, son los más necesarios; y

las partes del cuerpo que estimamos menos honrosas, a éstas las vestimos con más honra; de manera
que las partes que consideramos más íntimas, reciben un trato más honroso, ya que nuestras partes
presentables no lo necesitan. Mas así formó Dios el
cuerpo, dando mayor honra a la parte que carecía de
ella, a fin de que en el cuerpo no haya división, sino
que los miembros tengan el mismo cuidado unos por
otros. Y si un miembro sufre, todos los miembros
sufren con él; y si un miembro es honrado, todos los
miembros se regocijan con él. Ahora bien, vosotros
sois el cuerpo de Cristo, y cada uno individualmente
un miembro de él».

1 Corintios 12:12-27

¿Enseña la Biblia que los cristianos deben ser miembros de una
iglesia local? Si bien es cierto que la palabra «membresía» no
aparece en ningún texto del Nuevo Testamento, el concepto de membresía se da por sentado y se enseña en casi todas las cartas del Nuevo
Testamento.[1] En el capítulo 5 de 1 Timoteo, Pablo habla de una lista
de viudas que la iglesia debía cuidar; y en 1 Corintios, ordena a los
hermanos excluir a un individuo que profesaba ser cristiano, pero
vivía en abierta inmoralidad. Más adelante, en 2 Corintios, Pablo
parece retomar este caso al pedir a los hermanos de la iglesia que
vuelvan a recibir a tal persona, ya que había manifestado señales claras
de arrepentimiento: «le basta a tal persona esta represión hecha por
muchos», les indica Pablo (2 Cor. 2:6).

---

1. De paso, en la Biblia tampoco aparece la palabra «Trinidad» ni la palabra
«providencia», pero ambas doctrinas se enseñan claramente en la Escritura.

Las iglesias del Nuevo Testamento tenían un concepto claro de quiénes estaban dentro y quiénes estaban fuera. De manera que, si bien es cierto que la palabra membresía no aparece en la Biblia, el Nuevo Testamento presupone que los cristianos deben pertenecer a una comunidad específica de creyentes. El pastor y teólogo Mark Dever explica al respecto: «Un templo tiene ladrillos. Un rebaño tiene ovejas. Una vid tiene ramas. Y un cuerpo tiene miembros. En un sentido la membresía de la iglesia comienza cuando Cristo nos salva y nos hace miembros de Su cuerpo. No obstante, Su obra ha de tener su expresión en una iglesia local».[2] Esa es la clara enseñanza del Nuevo Testamento, en pasajes como 1 Corintios 12.

«Porque así como el cuerpo es uno, y tiene muchos miembros, pero todos los miembros del cuerpo, aunque son muchos, constituyen un solo cuerpo, así también es Cristo. Pues por un mismo Espíritu todos fuimos bautizados en un solo cuerpo, ya judíos o griegos, ya esclavos o libres, y a todos se nos dio a beber del mismo Espíritu». (1 Cor. 12:12,13)

Todos los cristianos formamos un solo cuerpo, porque todos fuimos bautizados en el Espíritu Santo

Usualmente pensamos en un cristiano como alguien que se ha arrepentido de sus pecados y ha creído en Cristo como su único y suficiente Salvador personal. Y eso tiene mucho de cierto. El problema es cuando enfatizamos demasiado la palabra *personal*. Porque a pesar de que somos salvos como individuos, cuando cada uno se arrepiente

---

2. Dever, Mark; *¿Qué es una iglesia sana?* (Washington D.C.: 9Marks, 2016), 119.

de sus pecados y confía enteramente en la obra expiatoria de Cristo en la cruz, lo cierto es que todos juntos, a pesar de ser muchos, formamos un solo cuerpo. Es a eso que nos referimos al hablar de la iglesia universal del Señor, al conjunto de todos los creyentes que a través de todas las épocas han sido salvados por gracia, por medio de la fe en la obra redentora de Cristo.

Todo verdadero cristiano forma parte del cuerpo universal de Cristo, que es la iglesia. Lee con cuidado una vez 1 Corintios 12:12: «Porque así como el cuerpo es uno, y tiene muchos miembros, pero todos los miembros del cuerpo, aunque son muchos, constituyen un solo cuerpo, así también es Cristo». La comparación de Pablo no es entre el cuerpo humano y la iglesia, sino entre el cuerpo con Cristo mismo. Así como el cuerpo humano tiene muchos miembros, pero es un solo cuerpo, «así también es Cristo».

¿Cuántos cuerpos tiene Cristo? Sabemos que Él tenía un cuerpo físico al hacerse hombre, y que ahora que está en el cielo, sigue teniendo un cuerpo, aunque glorificado. Pero la Biblia nos enseña también que Cristo tiene un cuerpo espiritual en la tierra por medio del cual sigue haciendo Su obra en el mundo. Y no es la hostia que el sacerdote católico romano consagra en la misa, sino la iglesia.

Pablo no está diciendo en este texto que la iglesia funciona *como si fuera un cuerpo humano*, sino que la iglesia es, real y efectivamente, el cuerpo de Cristo, compuesto de todos los que han creído en Él, porque todos han sido bautizados por Él en el Espíritu Santo. No es una simple comparación, sino una declaración.

«Pues por un mismo Espíritu todos fuimos bautizados en un solo cuerpo, ya judíos o griegos, ya esclavos o libres, y a todos se nos dio a beber del mismo Espíritu». (1 Cor. 12:13)

La palabra «bautismo» significa «sumergir dentro de». Esa es una de las razones por las que creemos que el bautismo bíblico debe ser por inmersión, sumergiendo completamente en agua a todos aquellos que han creído en el evangelio. Este bautismo simboliza nuestra muerte y resurrección juntamente con Cristo. Y de la misma manera, el Señor Jesucristo nos sumerge en Su Espíritu al momento de creer, para que vengamos a formar parte de Su cuerpo que es la iglesia. Hay un solo Espíritu en el que todos fuimos bautizados y, por lo tanto, hay un solo cuerpo de Cristo. Debido al bautismo en el Espíritu Santo cada cristiano está unido a Cristo espiritualmente y, por lo tanto, todos los verdaderos cristianos estamos unidos entre sí. «Somos un cuerpo en Cristo», enseña Pablo en Romanos 12:5, «e individualmente miembros los unos de los otros».

Nuestro cristianismo no puede ser explicado únicamente en términos de nuestra relación personal con Cristo. Si estamos en Cristo, estamos en Su cuerpo, unidos vitalmente al resto de los creyentes que, al igual que tú, han sido bautizados en el Espíritu. No fuimos salvados para vivir en aislamiento.

Ahora bien, la realidad de que todos los cristianos formamos un solo cuerpo, el cuerpo de Cristo, debe manifestarse en una forma concreta y visible en el contexto de la membresía de una iglesia local.

La realidad de que somos parte de la iglesia universal encuentra su manifestación concreta y visible en el contexto de la membresía de una iglesia local.

Nadie puede ver el momento en que un creyente es bautizado en el Espíritu, porque ese bautismo es invisible. Pero esa realidad tiene su manifestación visible y concreta cuando un creyente se bautiza en agua para venir a formar parte de una iglesia local, donde todos funcionamos, en la práctica, como miembros de un mismo cuerpo.

Al hablar de una iglesia local, nos referimos a una iglesia que se congrega en una localidad específica cada primer día de la semana, con una membresía específica y con un liderazgo específico. Es en ese contexto donde viene a ser evidente que la iglesia es en verdad un cuerpo en el que los miembros se comprometen a cuidarse entre sí. Eso es lo que Pablo quería hacerles ver a los corintios a partir del versículo 14. Dado que algunos miembros se estaban separando de otros por el tema de los dones, Pablo se vio en la necesidad de hacerles ver que esa separación era completamente absurda.

Ninguna parte del cuerpo puede envidiar ni menospreciar lo que hace la otra parte, porque cada miembro depende del resto. El pie no puede pensar que porque está dentro del zapato donde nadie lo ve, su función no tiene mucha importancia para el cuerpo. Y de la misma manera, «el ojo no puede decir a la mano: No te necesito; ni tampoco la cabeza a los pies» (1 Cor. 12:21).

Nunca fui fanático del baloncesto. Sin embargo, me encantaba ver jugar a Michael Jordan cuando jugaba como parte de los *Chicago Bulls*. Su récord en la NBA es sencillamente impresionante. Sin embargo, a pesar de sus capacidades excepcionales, Michael Jordan jamás habría podido ganar ningún partido él solo. El baloncesto es un juego de equipo en el que la victoria depende de que cada uno haga su papel.

Pues lo mismo ocurre con la iglesia. Ningún miembro del cuerpo puede funcionar ni subsistir sin los demás. Si le cortas la mano a un cuerpo vivo, no se forma otro cuerpo a partir de ese miembro que ha sido amputado, sino que se muere la mano y el cuerpo queda manco. Tan pronto una parte del cuerpo deja de hacer su función, todo el cuerpo sufre las consecuencias. De hecho, Dios diseñó el cuerpo humano de tal manera, que las partes que parecen más débiles son las más necesarias, como señala Pablo en el versículo 22. Y las partes menos honrosas las cubrimos con más cuidado. O al menos, así debería ser.

> «... Mas así formó Dios el cuerpo, dando mayor honra a la parte que carecía de ella, a fin de que en el cuerpo no haya división, sino que los miembros tengan el mismo cuidado unos por otros». (1 Cor. 12:24-25)

En otras palabras, Dios diseñó el cuerpo humano de esta manera, para hacernos ver que ninguna parte es innecesaria ni insignificante. Y lo mismo ocurre con los miembros de la iglesia.

> «Y si un miembro sufre, todos los miembros sufren con él; *y* si *un* miembro es honrado, todos los miembros se regocijan con él. Ahora bien, vosotros sois el cuerpo de Cristo, y *cada uno* individualmente un miembro de él». (1 Cor. 12:26)

Nota que Pablo usa la conjunción «con» y no «por» en este texto que acabo de citar. Se trata de sufrir o regocijarse «*con* él», no «*por* él». Yo puedo sufrir por un creyente perseguido en China, pero no puedo sufrir con él, porque no estoy a su lado. Así que, no es en un sentido abstracto ni universal que Pablo está hablando de la iglesia en esta carta, sino en un sentido sumamente concreto. Esto viene a ser evidente desde el inicio de la carta.

> «Pablo, llamado a ser apóstol de Jesucristo por la voluntad de Dios, y Sóstenes, nuestro hermano, a la iglesia de Dios que está en Corinto, a los que han sido santificados en Cristo

Jesús, llamados a ser santos, con todos los que en cualquier parte invocan el nombre de nuestro Señor Jesucristo, Señor de ellos y nuestro». (1 Cor. 1:1-2)

Más adelante, en el capítulo 11, Pablo se ve en la obligación de corregir algunos abusos con respecto a la celebración de la Cena del Señor:

«Pero al daros estas instrucciones, no os alabo, porque no os congregáis para lo bueno, sino para lo malo. Pues, en primer lugar, oigo que cuando os reunís como iglesia hay divisiones entre vosotros; y en parte lo creo». (1 Cor. 11:17-18)

Nota que el texto expresa: «cuando os reunís como iglesia»; esta iglesia se reúne a celebrar la Cena del Señor:

«Así que, hermanos míos, cuando os reunáis para comer, esperaos unos a otros».

La iglesia que Pablo tiene en mente es una que se congrega con regularidad. De hecho, dos capítulos más adelante, Pablo comienza una disertación sobre el amor, y debemos notar una vez más que es la iglesia local la que se encuentra en el trasfondo de este pasaje, y no la universal:

«El amor es paciente, es bondadoso; el amor no tiene envidia; el amor no es jactancioso, no es arrogante; no se porta indecorosamente; no busca lo suyo, no se irrita, no toma en cuenta el mal recibido; no se regocija de la injusticia, sino que se alegra con la verdad; todo lo sufre, todo lo cree, todo lo espera, todo lo soporta». (1 Cor. 13:4-7)

No tienes que ser paciente, benigno y perdonador con un creyente en China. Es con el hermano que está sentado al lado tuyo cada domingo en la iglesia, y con el que tienes roce semana tras semana en otros contextos. Es interesante notar que la palabra «iglesia» aparece unas 110 veces en el N.T. para referirse a las iglesias cristianas. De estas, 90 se usan para señalar iglesias locales, y no a la iglesia universal. Es en las iglesias locales donde vemos a la comunidad de redimidos funcionando como un cuerpo. Donde cada cristiano está poniendo sus dones al servicio de los demás, de modo que todos los miembros podamos seguir creciendo espiritualmente. Este es el medio ordinario que Dios ha decidido usar para nuestra santificación: los otros miembros de la iglesia, cada cual funcionando en el lugar en que Dios lo colocó y usando los dones que Dios le dio. Nota el énfasis de Pablo en la expresión «a cada uno» en este pasaje:

«Pero *a cada uno* se le da la manifestación del Espíritu para el bien común. Pero todas estas cosas las hace uno y el mismo Espíritu, distribuyendo individualmente *a cada uno* según la voluntad de Él. Ahora bien, Dios ha colocado *a cada uno* de los miembros en el cuerpo según le agradó». (1 Cor. 12:7, 11, 18)

De manera que no es suficiente para un cristiano venir a formar parte de la iglesia universal de Cristo al momento de la conversión. Todo verdadero cristiano debe procurar comprometerse con una iglesia local, para amar y servir incondicionalmente a todos los miembros de ese cuerpo. Ambas realidades, la iglesia universal y la iglesia local, estaban en la mente de nuestro Señor Jesucristo al diseñar la iglesia. Esto se evidencia en los dos pasajes en los que

Jesús menciona la iglesia en el Evangelio de Mateo. El primero se encuentra en el capítulo 16.

«Yo también te digo que tú eres Pedro, y sobre esta roca edificaré mi iglesia; y las puertas del Hades no prevalecerán contra ella». (Mat. 16:18)

¿A qué iglesia está haciendo referencia el Señor aquí? ¿Cuál es la iglesia que Él promete edificar? Esta es una clara alusión a la iglesia universal. El segundo pasaje en el que Cristo menciona la palabra iglesia es Mateo 18:15-17:

«Y si tu hermano peca, ve y repréndelo a solas; si te escucha, has ganado a tu hermano. Pero si no te escucha, lleva contigo a uno o a dos más, para que toda palabra sea confirmada por boca de dos o tres testigos. Y si rehúsa escucharlos, dilo a la iglesia; y si también rehúsa escuchar a la iglesia, sea para ti como el gentil y el recaudador de impuestos».

Dilo a la iglesia. ¿A qué iglesia? Sin lugar a dudas Jesús tiene que estar hablando de alguna iglesia local. Esta es una iglesia que puede escuchar un reporte, una iglesia que puede hablar, y que puede incluso excomulgar: «si también rehúsa escuchar a la iglesia, sea para ti como gentil y recaudador de impuestos»; en otras palabras, «exclúyelo de la membresía», y no se puede excluir a alguien sin antes haber sido incluido.[3] Eso es exactamente lo que vemos en el libro de los Hechos;

---

3. Algunos presuponen que la exclusión de la que se habla aquí es de la comunión con los hermanos. Sin embargo, como veremos más adelante en el capítulo 8 al tratar el tema de la disciplina en la iglesia, uno de los temas principales

el Señor Jesucristo envió al Espíritu Santo en Pentecostés, y todos los creyentes fueron bautizados en Él para la formación de la iglesia.

«Entonces los que habían recibido su palabra fueron bautizados; y se añadieron aquel día como tres mil almas. Y se dedicaban continuamente a las enseñanzas de los apóstoles, a la comunión, al partimiento del pan y a la oración. alabando a Dios y hallando favor con todo el pueblo. Y el Señor añadía cada día al número de ellos los que iban siendo salvos». (Hech. 2:37-42, 47)

A partir de ese momento, se nos provee un recuento histórico de lo que ocurría en las iglesias locales, es decir, grupos definidos de cristianos que se servían unos a otros.

«La congregación de los que creyeron era de un corazón y un alma; y ninguno decía ser suyo lo que poseía, sino que todas las cosas eran de propiedad común». (Hech. 4:32)

Estos hermanos se ayudaban unos a otros, lo que implica un grupo definido de personas. Ellos sabían quiénes estaban dentro y quiénes estaban fuera. Con todo, como constatamos más adelante en el capítulo 6 del libro de los Hechos, no era una iglesia perfecta.

«Por aquellos días, al multiplicarse el número de los discípulos, surgió una queja de parte de los judíos helenistas en contra de los judíos nativos, porque sus viudas eran desatendidas

---

de Mateo 18 es la pertenencia al reino de Dios y su relación con la inclusión o exclusión de la iglesia local.

en la distribución diaria de los alimentos. Entonces los doce convocaron a la congregación de los discípulos, y dijeron: No es conveniente que nosotros descuidemos la palabra de Dios para servir mesas. Por tanto, hermanos, escoged de entre vosotros siete hombres de buena reputación, llenos del Espíritu Santo y de sabiduría, a quienes podamos encargar esta tarea. Y nosotros nos entregaremos a la oración y al ministerio de la palabra». (Hech. 6:1-4)

Ninguna iglesia es perfecta, porque los creyentes que la componen no han sido glorificados todavía. Pero es la voluntad de Cristo que seamos instrumentos de gracia en la vida de otros, *hablando la verdad en amor*, para que todos juntos podamos crecer y madurar (Ef. 4:11-16).

¿Has considerado que los dones espirituales son necesarios en la iglesia precisamente por causa del pecado, la inmadurez y la debilidad de otros? Los dones que Dios te ha dado a ti, te los dio para que ayudes a otros con sus pecados y debilidades. De igual manera, Dios ha dado dones espirituales a otros para que te ayuden a ti. Eso es la iglesia. Eso es cristianismo.

Es incómodo tener que lidiar con los pecados de los demás. Lo mismo es incómodo para los demás tener que tratar con los pecados nuestros. Pero esa incomodidad es parte del plan de Dios para Sus hijos. Sin ella, no vamos a poder avanzar en el proceso de parecernos cada vez más a Jesús.

Juan nos señala en su primera carta que «Todo aquel que cree que Jesús es el Cristo, es nacido de Dios; y todo aquel que ama al Padre, ama al que ha nacido de Él» (1 Jn. 5:1). Si un hijo de verdad ama y respeta a su padre, lo demostrará amando a sus hermanos, porque ellos también son hijos de ese padre a quien ellos aman y respetan. El apóstol Juan explica que lo mismo ocurre en el cristianismo: Todo aquel que de verdad ama al Padre, amará también a todos aquellos que han nacido de Él, a todos los que han sido engendrados espiritualmente en el nuevo nacimiento. De ahí su argumento al final del capítulo 4:

> «Si alguno dice: Yo amo a Dios, y aborrece a su hermano, es un mentiroso; porque el que no ama a su hermano, a quien ha visto, no puede amar a Dios a quien no ha visto. Y este mandamiento tenemos de Él: que el que ama a Dios, ame también a su hermano». (1 Jn. 4:20-21)

En la lógica divina, es absurdo decir que somos cristianos, y al mismo tiempo negarnos a amar a aquellos que son nuestros hermanos en la fe. Y el mejor lugar para demostrar ese amor, es en el contexto de un grupo definido de cristianos en una iglesia local. Creyentes a los que nos hemos comprometido amar y servir, aun cuando muchas veces nos den razones para dejar de hacerlo.

Y ahora yo te pregunto: ¿Tienes la disposición a comprometerte con una iglesia local con todo lo que eso implica? Yo estoy consciente de que hay cristianos que no tienen el privilegio de tener en la cercanía una iglesia local a la que puedan unirse. Pero esa no es la situación de todos.

¿Perteneces a la membresía de una iglesia local, donde estás esforzándote por amar, en una forma concreta, a ese grupo de creyentes con los cuales te comprometiste al hacerte miembro? ¿Cuándo fue la última vez que te preocupaste por un hermano que se está ausentando regularmente de las reuniones de la iglesia y le hiciste una llamada para saber de su condición espiritual?

¿Cuándo fue la última vez que le abriste tu corazón a otro miembro de tu iglesia para que te ayudara con alguna lucha particular? ¿O cuándo fue la última vez que alguien te abrió su corazón en busca de consejo y aliento? Esa no es una labor exclusiva de los pastores; eso es lo que Dios quiere que suceda entre todos los miembros de la iglesia local.

> «Y os exhortamos, hermanos, a que amonestéis a los indisciplinados, animéis a los desalentados, sostengáis a los débiles y seáis pacientes con todos». (1 Tes. 5:14)

Eso es lo que todos estamos llamados a hacer como miembros de la misma iglesia: amonestarnos, animarnos y sostenernos unos a otros con paciencia. De lo contrario no estamos evidenciando la sinceridad de nuestra fe y de nuestra relación con Cristo.

Todos los cristianos formamos un solo cuerpo, porque todos fuimos bautizados en el Espíritu Santo; y esa realidad se hace manifiesta en una forma concreta en el contexto de la membresía responsable y fiel de una iglesia local. Aunque no podemos citar un solo texto del Nuevo Testamento que nos ordene explícitamente que seamos miembros de una iglesia, el concepto de la membresía se presupone en el Nuevo Testamento y es indispensable para entender el tipo de cristianismo que se describe en las cartas pastorales.

Ahora bien, ¿a qué nos referimos al hablar de iglesias locales? ¿Es una iglesia cualquier grupo de creyentes que decide reunirse con cierta regularidad? ¿Qué es lo que hace que una iglesia sea una iglesia? Ese es el tema del próximo capítulo.

3

¿Qué hace que una iglesia sea una iglesia?

«Porque donde están dos o tres reunidos en mi nombre,
allí estoy yo en medio de ellos».

Mateo 18:20

E n el capítulo anterior aprendimos que todo verdadero creyente
viene a ser parte de la iglesia universal al ser bautizado en el
Espíritu Santo en el momento de la conversión. Y ese bautismo invisible, debe manifestarse en una forma concreta al venir a formar
parte de una iglesia local a través del bautismo en agua. Pero, ¿cómo
definimos lo que es una iglesia? Algunas personas parecen creer que
si se reúnen con un grupo de amigos que profesan ser cristianos, y
estudian juntos la Biblia, eso ya es una iglesia. ¿Acaso no enseña el
Señor Jesucristo, en Mateo 18:20, que donde estén dos o tres congregados en Su nombre Él estará en medio de ellos? ¿Hay alguna
diferencia entre un grupo de cristianos que se reúnen de manera
informal a estudiar juntos la Escritura, sin ningún tipo de compromiso vinculante entre ellos, y una iglesia local? ¿Qué es lo que hace
que una iglesia sea una iglesia?

Lo que la iglesia no es

Antes de responder esta pregunta, debemos corregir algunas nociones equivocadas que muchos tienen de lo que es una iglesia. Estas presuposiciones erradas serán un obstáculo para entender positivamente lo que una iglesia es.

En primer lugar, la iglesia no es un edificio. Es así como muchas personas piensan de la iglesia, como un edificio que alberga semanalmente a un grupo de cristianos que se reúnen para adorar a Dios. Supongo que esa es la razón por la que muchas personas usan la palabra «templo» para referirse a los edificios en los que las iglesias se congregan en el día del Señor. Pero el Nuevo Testamento nos enseña claramente que el templo de Dios en el nuevo pacto no está hecho de bloques de piedra ni de cemento, sino de piedras vivas. Hombres y mujeres que han sido salvados por la gracia de Dios, edificados sobre la piedra angular que es nuestro Señor Jesucristo. Escribiendo a los Corintios, Pablo les pregunta:

«¿No sabéis que sois templo de Dios, y que el Espíritu de Dios mora en vosotros? Si alguno destruyere el templo de Dios, Dios le destruirá a él; porque el templo de Dios, *el cual sois vosotros*, santo es». (1 Cor. 3:16-17)

Nosotros somos el templo que se congrega en un edificio el domingo en la mañana. Y cuando concluye el servicio de adoración y cada uno regresa a casa, la iglesia ya no continuará allí. Así que la iglesia no es un edificio.

Tampoco es un conjunto de actividades religiosas que llevamos a cabo cuando nos congregamos en el día del Señor. La iglesia no viene a la existencia los domingos a las 11 de la mañana, para dejar de existir alrededor de las 12:30. Aunque nos congregamos como iglesia los domingos por mandato de Dios, seguimos siendo miembros de un cuerpo local los siete días de las semana. De ahí la responsabilidad de poner nuestros dones en operación en diferentes contextos, y no solamente al congregarnos en el día del Señor. En 1 Corintios 15:9, Pablo expresa de sí mismo que no se sentía digno de ser llamado apóstol «porque perseguí a la iglesia de Dios» Eso no quiere decir que Pablo se aparecía los domingos en las reuniones de cristianos para perseguirlos. Lo que él está diciendo es que había puesto todo su empeño en frenar el avance del evangelio, haciendo el mayor daño posible a los cristianos en cualquier día de la semana. Es en ese sentido que él perseguía a la iglesia.

Otra noción equivocada, y sumamente dañina por cierto, es que la iglesia son sus líderes. Ahora, este es un concepto que no siempre se cree a nivel consciente. Si pasáramos una encuesta en cualquier congregación preguntando si la iglesia son los pastores, probablemente la mayoría respondería que no. El problema es que en la práctica entendemos otra cosa. Si un miembro de la iglesia no anda bien, muchos presuponen que los pastores son los únicos responsables de tratar de rescatarlo. Y si esa persona finalmente termina apartándose del Señor, es probable que muy pocos de los miembros se sientan responsables. Sin embargo, si bien es cierto que los pastores y diáconos tienen una función particular dentro de la iglesia, ellos no son la totalidad iglesia ni los únicos responsables del cuidado de los miembros.

«En cuanto a vosotros, hermanos míos, yo mismo estoy también convencido de que vosotros estáis llenos de bondad, llenos de todo conocimiento y capaces también de amonestaros los unos a los otros». (Rom. 15:14)

49

«Pero os rogamos hermanos, que reconozcáis a los que con diligencia trabajan entre vosotros, y os dirigen en el Señor y os instruyen, y que los tengáis en muy alta estima con amor, por causa de su trabajo. Vivid en paz los unos con los otros. Y os exhortamos, hermanos, a que amonestéis a los indisciplinados, animéis a los desalentados, sostengáis a los débiles y seáis pacientes con todos. Mirad que ninguno devuelva a otro mal por mal, sino procurad siempre lo bueno los unos para con los otros, y para con todos». (1 Tes. 5:12-15)

«Y El dio a algunos el ser apóstoles, a otros profetas, a otros evangelistas, a otros pastores y maestros, a fin de capacitar a los santos para la obra del ministerio, para la edificación del cuerpo de Cristo». (Ef. 4:11-12)

«Sino que hablando la verdad en amor, crezcamos en todos los aspectos en aquel que es la cabeza, es decir, Cristo, de quien todo el cuerpo (estando bien ajustado y unido por la cohesión que las coyunturas proveen), conforme al funcionamiento adecuado de cada miembro, produce el crecimiento del cuerpo para su propia edificación en amor». (Ef. 4:15-16)

Estos textos enseñan claramente que la iglesia funciona en la práctica cuando cada uno pone sus dones en operación para beneficio de los demás. La función principal de los pastores, indica Pablo en Efesios 4:11-12, es equipar a los creyentes, para que ellos puedan hacer la obra del ministerio más eficazmente.

El que muchos digan «amén» a estos textos no significa que no estén infectados del clericalismo que afecta a muchas iglesias. Así que déjame ofrecerte una prueba diagnóstica para que te evalúes. ¿Qué pasaría si al llegar a tu iglesia este próximo domingo, te encuentras con la sorpresa de que el pastor al que le tocaba predicar decidió no congregarse ese día, sino que prefirió quedarse en su casa? No fue por ninguna razón de peso. Simplemente no quiso asistir a la reunión de la iglesia. ¿Cuál sería tu reacción? Supongo que lo verías como algo escandaloso, y realmente lo es.

Pero aquí viene la pregunta del millón de dólares: y si fuera un miembro común y corriente de la iglesia el que decidiera no congregarse, porque prefirió quedarse en casa, ¿lo verías igualmente de escandaloso? Sospecho que muchos no perciben como una falta grave que un miembro decida dejar de congregarse un domingo en la iglesia. Y la razón es que no acabamos de entender que ningún miembro de la iglesia es más miembro que otro.

La misma responsabilidad que tiene el pastor de prepararse bien para predicar, es la que tienen los miembros de su iglesia de prepararse bien para ir a escuchar. La boca necesita oídos que la escuchen, así como se necesitan manos y pies que pongan por obra lo que se predica cada domingo. De lo contrario el cuerpo no funciona como un cuerpo.

De manera que la iglesia no es un edificio, no es un conjunto de actividades religiosas, ni tampoco son solo los líderes. ¿Qué es, entonces, la iglesia?

Lo que la iglesia es

Nuestra palabra «iglesia» proviene del griego *ekklesía*, un término que significa: «los que han sido llamados fuera de» o convocados. En la antigüedad se usaba esta palabra para referirse a un grupo de ciudadanos, convocados a reunirse en asamblea para administrar los asuntos cívicos de la comunidad. Así que detrás de la palabra *ekklesía* está el concepto de una asamblea convocada con un propósito y que posee cierto grado de autoridad. ¿Recuerdas lo que sucedió en Hechos 19, cuando se levantó una revuelta en contra de Pablo en la ciudad de Éfeso debido a la protesta de los que adoraban a la diosa Diana? Lucas nos expresa en Hechos 19:39, que una de las autoridades de la ciudad tuvo que intervenir para calmar los ánimos del pueblo, alentándolos a que si tenían alguna demanda contra Pablo, la presentaran en una «asamblea» legítima, es decir, debidamente convocada. La palabra que se traduce allí como «asamblea» es *ekklesía*.

Ahora bien, cuando esta palabra se usa en el Nuevo Testamento para señalar a la iglesia de Cristo, se refiere a la asamblea de aquellos que han sido llamados por Dios por medio del evangelio, fuera del mundo y del pecado, para poner su fe en Jesucristo y someterse a Él como Señor. La iglesia es una asamblea convocada por Dios mismo. Por ejemplo, cuando Pablo escribe su carta a la iglesia en Roma, se refiere a ellos como «llamados de Jesucristo», como los «los amados de Dios que están en Roma», y como los «llamados a ser santos» (Rom. 1:6-7). Porque son amados del Padre fueron llamados en Jesucristo a ser santos.

Y en un tono similar Pablo dirige otra de sus cartas «a la iglesia de Dios que está en Corinto, a los que han sido santificados en Cristo Jesús, llamados a ser santos, con todos los que en cualquier parte invocan el nombre de nuestro Señor Jesucristo, Señor de ellos y nuestro» (1 Cor. 1:1-2). Esta carta fue dirigida a una iglesia que se congregaba en un lugar específico, con su membresía específica, y con una problemática particular que movió a Pablo a tratar los temas contenidos en la carta.

Pero es interesante notar que al mismo tiempo, Pablo reconoce la realidad de que ellos pertenecían a un cuerpo más amplio de creyentes, compuesto de «*todos los que en cualquier parte invocan el nombre de nuestro Señor Jesucristo, Señor de ellos y nuestro*». La iglesia local y la iglesia universal son presentadas en este pasaje una al lado de la otra. De hecho, casi al final de esta carta, en 1 Corintios 16:19, Pablo escribe a los corintios: «*Las iglesias de Asia os saludan. Aquila y Priscila, con la iglesia que está en su casa, os saludan muy afectuosamente en el Señor*».

¿Cómo definimos, entonces, lo que es una iglesia local? La siguiente definición de John Piper es un buen punto de partida:

«La iglesia local es un grupo de creyentes bautizados, comprometidos a cuidarse unos a otros, que se reúnen regularmente para adorar a Dios a través de Jesucristo, para ser exhortados por la Palabra de Dios y para celebrar las ordenanzas de Cristo (el bautismo y la cena del Señor), bajo la guía de líderes debidamente constituidos».[1]

Podría decir otras cosas sobre la iglesia local, pero creo que esta definición contiene algunos de los elementos esenciales de lo que una iglesia es. En primer lugar, una iglesia local está compuesta por un grupo de creyentes bautizados. Así como el bautismo en el Espíritu Santo es indispensable para venir a formar parte de la iglesia universal, de igual manera el bautismo en agua es la puerta de entrada para la iglesia local. Ese es uno de los elementos indispensables de la Gran Comisión que el Señor nos dejó antes de ascender a los cielos en Mateo 28:18-20:

---

1. https://www.desiringgod.org/messages/the-local-church-minimum-vs -maximum 2019

«Toda autoridad me ha sido dada en el cielo y en la tierra. Id, pues, y haced discípulos de todas las naciones, bautizándolos en el nombre del Padre y del Hijo y del Espíritu Santo, enseñándoles a guardar todo lo que os he mandado; y he aquí, yo estoy con vosotros todos los días, hasta el fin del mundo».

Estas palabras de Cristo son extremadamente conocidas. El problema es que muchos no conectan lo que el Señor nos está ordenando aquí, con las palabras de Cristo en Mateo 16:18: «Yo edificaré mi iglesia». La Gran Comisión es el medio a través del cual Cristo está haciendo lo que prometió hacer: edificar Su iglesia. Esta comisión no es un fin en sí misma. Los que se conviertan a través de la predicación del evangelio deben ser bautizados para venir a formar parte de una comunidad cristiana, donde se les enseñará a guardar todo lo que Cristo ha mandado. Ese es el patrón que vemos una y otra vez en el libro de los Hechos. Todos los que se convertían al Señor eran bautizados en agua y añadidos a iglesias locales, donde eran edificados en su fe.

En segundo lugar, vemos en esta definición que la iglesia está compuesta por creyentes bautizados *que se han comprometido a cuidarse unos a otros*. En la membresía, asumimos el compromiso de velar unos por otros para ver cómo está nuestra sumisión a Cristo como ciudadanos de Su reino.

Considera una vez más las palabras del Señor Jesucristo en la Gran Comisión: «Id, pues, y haced discípulos de todas las naciones, bautizándolos en el nombre del Padre y del Hijo y del Espíritu Santo, enseñándoles [...] todo lo que os he mandado». Si observaste con atención, te habrás dado cuenta que omití una parte sumamente importante. No se trata simplemente de enseñar lo que Cristo nos mandó, sino de enseñarles *a guardar* todo lo que Él ha mandado.

¿Qué hace que una iglesia sea una iglesia?

Al hacernos miembros de la iglesia adquirimos el compromiso de cuidarnos mutuamente en cuanto a nuestra obediencia a Cristo como Señor y Rey de nuestras vidas. Recuerda las palabras de Pablo en Romanos 12:5: «Somos un cuerpo en Cristo e individualmente miembros los unos de los otros». Es por eso que en el Nuevo Testamento encontramos tantos mandamientos de «unos a otros»:

Ámense entrañablemente unos a otros (1 Ped. 1:22).

Vivan en paz unos con otros (1 Tes. 5:13).

Prefiéranse unos a otros (Rom. 12:10).

Edifíquense unos a otros (Rom. 14:19).

Acéptense unos a otros (Rom. 12:16).

Amonéstense unos a otros (Rom. 15:14).

Preocúpense unos por otros (1 Cor. 12:25).

Sírvanse unos a otros (Gál. 5:13).

Sopórtense con paciencia los unos a los otros (Ef. 4:2).

Sean bondadosos y compasivos unos con otros (Ef. 4:32).

Perdónense unos a otros (Col. 3:13).

Canten unos a otros (Ef. 5:19; Col. 3:16).

Anímense unos a otros (1 Tes. 4:18).

Confiesen sus pecados unos a otros (Sant. 5:16).

Oren unos por otros (Sant. 5:16).

Hospédense unos a otros (1 Ped. 4:9).

Salúdense unos a otros (Rom. 16:16; 1 Cor. 16:20).

Todas estas exhortaciones se encuentran en un grupo de cartas que fueron dirigidas a iglesias locales, y nos hacen ver claramente la responsabilidad que tenemos al ser parte de un mismo cuerpo.

Al inicio de este capítulo citamos el conocido pasaje de Mateo 18:20: «donde estén dos o tres congregados en mi nombre allí estoy yo en medio de ellos». Si sacamos este texto de su contexto, pareciera apoyar la idea de que donde quiera que se reúna un grupo de cristianos a estudiar la Biblia y orar, en ese momento allí hay una iglesia en la que Cristo se hace presente, porque eso fue lo que Él prometió. Pero esa es una interpretación incorrecta de este pasaje. Veamos lo que Jesús viene diciendo desde el versículo 15 de Mateo 18:

> «Por tanto, si tu hermano peca contra ti, ve y repréndele estando tú y él solos; si te oyere, has ganado a tu hermano. Mas si no te oyere, toma aún contigo a uno o dos, para que en boca de dos o tres testigos conste toda palabra. Si no los oyere a ellos, dilo a la iglesia; y si no oyere a la iglesia, tenle por gentil y publicano». (RVR1960)

Nota: «si no te oyere, toma contigo a uno o dos, para que en boca de dos o tres testigos conste toda palabra» y si todavía se rehúsa a la corrección, «dilo a la iglesia», o sea, a un cuerpo particular de cristianos, a un grupo de creyentes bautizados que componen una iglesia local. «Si no oyere a la iglesia, tenlo por gentil y publicano», en otras palabras, vas a tener que excluir a esa persona de la membresía de la iglesia, como hemos visto anteriormente. Vas a tener que retirarle el pasaporte que lo cualifica como miembro de una de las embajadas del reino de Cristo aquí en la tierra. No sabemos si realmente es creyente o no, pero la iglesia como iglesia le está dejando de poner su sello de aprobación sobre su profesión de fe. Es en ese contexto que Jesús expresa: «donde estén dos o tres congregados en mi nombre allí estoy yo en medio de ellos». El Señor Jesucristo ha prometido estar presente en medio de Sus iglesias cuando tienen que llevar a cabo el proceso disciplinario que acaba de describir, aprobando lo que ese cuerpo particular de creyentes está haciendo.

Si un grupo de cristianos decide reunirse un miércoles a estudiar la Biblia y orar, están haciendo algo realmente bueno, pero eso en sí mismo no es una iglesia. Eso es solo un grupo de cristianos que se están reuniendo a estudiar juntos la Palabra y orar. Pero allí no hay un compromiso vinculante de cuidarse «los unos con los otros». Esa falta de compromiso impide llevar a cabo el tipo de proceso de disciplina pública que se describe en Mateo 18:15 en adelante, como veremos en un capítulo posterior.

¿Qué hemos visto hasta aquí? Que la iglesia local es un grupo de creyentes bautizados, comprometidos a cuidarse unos a otros. Pero ahora debemos añadir, en tercer lugar, que estos creyentes se reúnen regularmente en el día del Señor, tal como lo indica Pablo en 1 Corintios 11:18: «cuando os reunís como iglesia».

Al hacernos miembros de la iglesia estamos asumiendo esa responsabilidad. Dios nos convoca para que vengamos a encontrarnos con Él y con Su pueblo; y es el deber de cada creyente responder a ese llamado. De ahí la exhortación del autor de la carta a los Hebreos:

«Mantengamos firme la profesión de nuestra esperanza sin vacilar, porque fiel es el que prometió; y consideremos cómo estimularnos unos a otros al amor y a las buenas obras, no dejando de congregarnos, como algunos tienen por costumbre, sino exhortándonos unos a otros , y mucho más al ver que el día se acerca». (Heb. 10:23-25)

Observa que no se trata simplemente de congregarse en un lugar donde la Palabra es predicada. Algunos que profesan ser cristianos parecen pensar que es suficiente que vayamos a algún lugar donde se predica la Biblia, aunque sin comprometerse con ninguna iglesia en particular. Pero la exhortación es a que te congregues en una iglesia local específica de la cual eres miembro. Las iglesias no son como un conjunto de supermercados en una ciudad, que los consumidores pueden usar a conveniencia: en uno compran los vegetales, y en otro la carne, y en otro los materiales de limpieza, y así sucesivamente. La exhortación del autor de la carta a los Hebreos supone la existencia de una iglesia local, donde nos congregaremos cada domingo para animarnos mutuamente al amor y a las buenas obras. Y ¿cómo puedo estar seguro de que el autor de la carta a los Hebreos se refiere a una iglesia local? Porque más adelante él va a decir a los destinatarios originales de la carta:

«Obedeced a *vuestros pastores* y sujetaos *a ellos*, porque ellos velan por vuestras almas, como quienes han de dar cuenta.

Permitidles que lo hagan con alegría y no quejándose, porque eso no sería provechoso para vosotros». «Saludad a todos *vuestros pastores* y a todos los santos. Los de Italia os saludan». (Heb. 13:17, 24).

Esta iglesia tenía pastores específicos a los cuales los hermanos debían obedecer y sujetarse a su autoridad. Pastores que velaban por sus almas, y a los cuales ellos podían saludar con afecto. Es en nuestra iglesia local en la que no debemos dejar de congregarnos. Y ¿para qué nos congregamos? «Para adorar a Dios a través de Jesucristo, para ser exhortados por la Palabra de Dios y para celebrar las ordenanzas de Cristo». Es decir, el bautismo y la Cena del Señor. Podemos ponerlo de otra manera y decir que este es un grupo de creyentes bautizados que se reúnen regularmente a celebrar el evangelio.

Adoramos a Dios a través de Jesucristo, es decir, reconociendo que de no haber sido por Él no podríamos acercarnos a Dios con confianza, como enseña el autor de la carta a los Hebreos (Heb. 10:19-22). Y además, que es por medio de Él que nuestros sacrificios espirituales son aceptables a Dios, como indica en 1 Pedro 2:5.

También nos congregamos para ser exhortados por la Palabra predicada. Pero esa predicación no es otra cosa que la proclamación del evangelio. «Me propuse no saber entre vosotros alguna cosa, excepto a Jesucristo, y éste crucificado», expresa Pablo en 1 Corintios 2:2. Es la palabra de Cristo la que debe abundar en nuestros servicios de adoración, no solo a través de la predicación, sino también a través de nuestros cánticos, como vemos en Colosenses 3:16.

De igual manera, toda iglesia verdadera celebra regularmente las ordenanzas de Cristo, el bautismo y la Cena del Señor. Estas no son otra cosa que representaciones visibles del evangelio. Por medio de la Cena del Señor recordamos Su muerte en la cruz del Calvario, mientras que por medio del bautismo los nuevos creyentes dan testimonio público de su unión con Cristo en Su muerte y en Su resurrección. Nos congregamos en torno al evangelio y para celebrar el evangelio.

Pero hay un cuarto elemento en nuestra definición que veremos mucho más brevemente. Hemos dicho que la iglesia local «es un grupo de creyentes bautizados, comprometidos a cuidarse unos a otros, que se reúnen regularmente para adorar a Dios a través de Jesucristo, para ser exhortados por la Palabra de Dios y para celebrar las ordenanzas de Cristo, *bajo la guía de líderes debidamente constituidos*».

Cuando Pablo escribe su carta a los filipenses, la dirige «a todos los santos en Cristo Jesús que están en filipos, con sus obispos y diáconos» (Fil. 1:1). Es Cristo el que ha dado pastores a Su iglesia para equipar a los creyentes, indica Pablo en Efesios 4:11.

Hay iglesias locales que no tienen pastor, y no por eso dejan de ser iglesias. Pero esa es una deficiencia, no el ideal. «Por esta causa te dejé en Creta», le escribe Pablo a Tito, «para que corrigieses lo deficiente, y establecieses ancianos en cada ciudad, así como yo te mandé» (Tito 1:5). Tales iglesias deben orar al Señor de la mies para que envíe obreros a esa mies. Es la voluntad de Cristo que las iglesias locales funcionen como un cuerpo, bajo la guía y dirección de un grupo de líderes llamados y dotados por Él para esa labor.

En conclusión, ser miembros de una iglesia es un gran privilegio, pero es también una gran responsabilidad. Al venir a formar parte de una iglesia local estamos asumiendo el compromiso de cuidar a los otros miembros de esa iglesia; estamos asumiendo el compromiso de asistir fielmente a sus reuniones de adoración en el día del Señor; y estamos asumiendo el compromiso de someternos a las autoridades debidamente señaladas por Cristo como líderes de esa iglesia.

Y ahora yo te pregunto: ¿Hay algunas cosas que debes corregir en tu vida para poder beneficiarte más ampliamente de la membresía de tu iglesia local? ¿O para beneficiar a otros que también pertenecen a tu iglesia? Me imagino que sí. Pero no te desanimes por eso. Más bien quiero animarte a corregir lo deficiente, en dependencia del Espíritu de Dios. Solo así podrás experimentar la increíble aventura de ser parte de un cuerpo, en el que Cristo está haciendo Su obra, a través de un grupo de hombres y mujeres redimidos por gracia, y que todavía no han sido perfeccionados.

Si profesas ser un creyente en Cristo, y todavía no eres miembro de una iglesia local, quiero recordarte una vez más que tu deber como cristiano es procurar unirte a una iglesia. Ahora, debemos enfatizar que ser miembro de una iglesia local no salva a nadie. La salvación está en Cristo, y solo en Él. Pero no hay bendición más grande que ser parte de esa iglesia que Él ama con tan grande amor, y por la cual se entregó para santificarla y hacerla Suya. Estar fuera de Cristo es estar fuera de la iglesia, y estar fuera de la iglesia es estar fuera de los límites del amor redentor de Dios.

4

La obra misionera de Dios a través de la iglesia

«Y acercándose Jesús, les habló, diciendo: Toda autoridad me ha sido dada en el cielo y en la tierra. Id, pues, y haced discípulos de todas las naciones, bautizándolos en el nombre del Padre y del Hijo y del Espíritu Santo, enseñándoles a guardar todo lo que os he mandado; y he aquí, yo estoy con vosotros todos los días, hasta el fin del mundo».

Mateo 28:18-20

Cuando el Señor Jesucristo murió en la cruz del Calvario, apenas tenía unos cuantos discípulos a los que probablemente se añadieron algunos más después de Su resurrección. Descubrimos en el capítulo 1 del libro de los Hechos que luego de ascender a los cielos, en el aposento alto, se había reunido un grupo de 120 personas. Sin embargo, para el año 250 d.C., los cristianos en el Imperio romano se contaban por millones, y esto aun a pesar de la fuerte oposición que tuvieron que enfrentar desde el principio.

¿Qué fue lo que hizo posible ese crecimiento tan extraordinario? La respuesta más obvia es que Jesús estaba cumpliendo lo que había prometido en Mateo 16:18: «[Yo] edificaré mi iglesia; y las puertas del hades no prevalecerán con ella». Es Dios en Su soberanía el que hace eficaz la predicación del evangelio. «Yo planté, Apolos regó, pero Dios ha dado el crecimiento», señala Pablo en 1 Corintios 3:6. Sin embargo, Dios usa medios para llevar a cabo Su obra. De ahí las palabras de Jesús en Mateo 28, las cuales estos primeros cristianos parecen haber tomado sumamente en serio: «Id pues y haced discípulos de todas las naciones».

Cuando se predica sobre este texto, conocido como la Gran Comisión, muchas veces nos sentimos abrumados por la magnitud de la tarea que tenemos por delante, y experimentamos un fuerte sentido de culpa por lo poco que hacemos por la salvación de los perdidos. Y ciertamente debemos sentir una gran carga en nuestros corazones por la enorme cantidad de personas que nunca han escuchado el mensaje del evangelio. Debemos también sentirnos amonestados cuando no percibimos en nuestro corazón un genuino interés por evangelizar a los incrédulos. Pero al mismo tiempo, debemos cuidarnos de no leer las palabras de Jesús en Mateo 28 como una especie de amonestación perpetua para la iglesia. Algo así como: «¡Dejen de perder el tiempo y salgan a predicar el evangelio!». No creo que ese haya sido el tono ni la intención de Jesús al pronunciar estas palabras.

Experimentar un permanente sentido de culpabilidad no es lo que nos va a motivar a salir a anunciar, a un mundo que perece en sus pecados, que hay salvación en Cristo para todo aquel que cree. El combustible que energiza la evangelización y la obra misionera surge de una compleja mezcla de varios elementos: profundo sentido de asombro por el poder, la gloria, y la majestad de nuestro Señor y Salvador Jesucristo; gozo y gratitud por nuestra propia salvación; amor por los perdidos, y una seguridad inconmovible en la promesa de Su presencia en nuestras vidas. Ese es el combustible que mueve a la iglesia a salir de su zona de seguridad, para llevar el evangelio «hasta lo último de la tierra», sin importar el costo que tengamos que pagar por ello.

Es por eso que no debemos saltar directamente al versículo 19 de Mateo 28, sin antes considerar la suprema autoridad de Jesús que define y sustenta la Gran Comisión.

La suprema autoridad de Jesús que define y sustenta la gran comisión:

> «Y acercándose Jesús, les habló, diciendo: Toda autoridad me ha sido dada en el cielo y en la tierra. Id, pues, y haced discípulos de todas las naciones». (Mat. 28:18-19)

Hay una conexión aquí entre la suprema autoridad de Jesús y la Gran Comisión. Debemos salir a hacer discípulos de todas las naciones, porque a Jesús le fue conferida toda autoridad en el cielo y en la tierra. Dios el Padre lo invistió de autoridad (Mat. 11:27; Juan 3:35; 13:3), para que pueda dar vida eterna a las ovejas que el Padre escogió desde antes de la fundación del mundo.

> «Estas cosas habló Jesús, y alzando los ojos al cielo, dijo: Padre, la hora ha llegado; glorifica a tu Hijo, para que el Hijo te glorifique a ti, por cuanto le diste autoridad sobre todo ser humano para que dé vida eterna a todos los que tú le has dado». (Juan 17:1-2)

Las ovejas por las que Cristo va a morir en la cruz le pertenecen al Padre. *Y Dios el Padre le confirió a Dios el Hijo la autoridad de darles vida eterna a esas ovejas, dando Su vida por ellas en la cruz.* Observa lo que sigue diciendo en el versículo 6: «He manifestado tu nombre a los hombres que del mundo me diste; eran tuyos y me los diste, y han guardado tu palabra». El Padre es glorificado en el Hijo cuando este da Su vida por las ovejas que el Padre le dio.

No sabemos a priori cuáles son esas ovejas que Dios el Padre le dio a Su Hijo. Pero sí sabemos que el Hijo tiene plena autoridad, dada por el Padre, para darles vida eterna a través de la predicación de Su Palabra.

Ahora bien, si Cristo es Dios, uno con el Padre, ¿por qué fue necesario que el Padre le confiriera esa autoridad? Para responder esta pregunta debemos regresar al inicio del Evangelio de Juan:

> «En el principio existía el Verbo, y el Verbo estaba con Dios, y el Verbo era Dios. Él estaba en el principio con Dios. Todas las cosas fueron hechas por medio de Él, y sin Él nada de lo que ha sido hecho, fue hecho. En Él estaba la vida, y la vida era la luz de los hombres». (Juan 1:1-4)

El Verbo es Dios, verdaderamente Dios, el Creador y sustentador de todas las cosas, el dador de la vida. Y como tal, siempre ha tenido suprema autoridad sobre todo lo creado. Pero ese Verbo, sigue diciendo Juan, se hizo carne (Juan 1:14). De manera que nuestro Señor Jesucristo es verdaderamente Dios y verdaderamente hombre. Era necesario que fuera un descendiente de Adán, nacido de mujer, el que resolviera el problema que se originó en el huerto del Edén, cuando nuestros primeros padres decidieron rebelarse contra la autoridad de Dios.

Como hemos visto ya, Dios creó a Adán y Eva a Su imagen y semejanza, y les dio la encomienda de ejercer dominio sobre todo lo creado, siempre bajo la autoridad de Dios y para la gloria de Dios. Pero Adán y Eva se corrompieron al pretender actuar como seres autónomos. Olvidaron su condición de criaturas, y por causa de su rebeldía la imagen de Dios en nosotros quedó distorsionada. Pero en vez de exterminar a la raza humana, Dios decide redimirla. Él prometió enviar a un Salvador, nacido de mujer, un hombre como nosotros, el postrer Adán como le llama Pablo en 1 Corintios 15, quien habría de revertir todos los efectos de la caída.

Es a la luz de esa promesa que debemos leer la Gran Comisión. Hay toda una historia detrás de estas conocidas palabras de Jesús en Mateo 28. Una historia que comienza en el libro del Génesis, como hemos visto anteriormente.

Ese Jesús que murió crucificado, también resucitó al tercer día, y luego ascendió a los cielos, y ahora está sentado a la diestra de Dios «muy por encima de todo principado, autoridad, poder, dominio y de todo nombre que se nombra, no solo en este siglo sino también en el venidero» (Ef. 1:21). De manera que ahora hay un *hombre*, que es también Dios, el postrer Adán, a quien el Padre le ha conferido, como *Dios y hombre*, una autoridad infinitamente superior a la que Adán perdió en el paraíso.

Jesús de Nazaret, el Hijo de María, ha sido entronizado en los cielos, y ahora gobierna sobre todo el universo como Rey de reyes y Señor de señores. Es esa realidad la que energiza el cumplimiento de la Gran Comisión.

A Jesús se le ha conferido toda autoridad en los cielos y en la tierra y, por lo tanto, es absolutamente imposible que Su plan de redención termine en fracaso. Las ovejas que el Padre le dio, serán llamadas eficazmente por el poder del Espíritu Santo mientras criaturas débiles como nosotros, vamos por el mundo predicando el evangelio. No existe ningún poder suficiente en todo el universo, ni en la tierra ni en el cielo, como para detener el avance de la iglesia.

Jesús es el Señor. Él gobierna, desde las inmensas galaxias hasta las partículas atómicas. Él ejerce Su poder y autoridad sobre todas las cosas creadas, absolutamente todas. Y sobre todas las acciones de los hombres y de los ángeles, buenos y malos. De manera que, sin ser autor de pecado, ni siquiera el pecado de Sus criaturas puede escapar de Su control soberano.

Es sorprendente que Nabucodonosor tuvo una mejor teología que muchos que hoy profesan creer en Cristo, al declarar en Daniel 4:34-35: «Su dominio es un dominio eterno, y su reino permanece de generación en generación. Y todos los habitantes de la tierra son considerados como nada, mas El actúa conforme a su voluntad en el ejército del cielo y entre los habitantes de la tierra; nadie puede detener su mano, ni decirle: "¿Qué has hecho?"».

«Toda autoridad me ha sido dada en el cielo y en la tierra. Id, pues y haced discípulos de todas las naciones». (Mat. 28:18-19a)

Jesús nos está diciendo: «Vayan y prediquen este evangelio, porque Yo soy el Señor. Nada ni nadie podrá impedir que las ovejas escogidas por el Padre vengan a mí. No hay gobierno humano que pueda detenerlos, ni ninguna religión que pueda retener permanentemente a los que son míos. No importa que en este momento estén hundidos en el islam, ni que vivan en Corea del Norte. Mis ovejas oirán mi voz y vendrán a mí, porque mi Padre me dio potestad para dar vida eterna a todos los que Él me ha dado».

La autoridad suprema de Cristo es lo que define y sustenta la Gran Comisión. La define, porque el mensaje que estamos llamados a proclamar es que Jesús venció en la cruz a los poderes de la muerte, del diablo y del pecado. Es dar la buena noticia de que hay perdón en Cristo para todo aquel que cree. Y esto porque Él resucitó de los muertos al tercer día, confirmando el Padre de ese modo que Su justicia perfecta había quedado plenamente satisfecha por medio de la muerte de Su Hijo. Eso es predicar el evangelio.

Pero esa autoridad suprema de Jesús no solo define la Gran Comisión, sino que también la sustenta, porque es lo que garantiza su cumplimiento. Él prometió que Su evangelio sería predicado «en todo el mundo», y dada la autoridad que el Padre le confirió es imposible que esta labor evangelizadora no se lleve a cabo.

> «Este evangelio del reino se predicará en todo el mundo como testimonio a todas las naciones, y entonces vendrá el fin». (Mat. 24:14)

Nada ni nadie puede impedir que esto suceda.

> «[Yo] edificaré mi iglesia; y las puertas del Hades no prevalecerán contra ella». (Mat. 16:18)

Es sobre la base de esa realidad que podemos salir a proclamar con toda confianza el evangelio. Al final de la historia todos los escogidos del Padre de toda tribu, pueblo, lengua y nación estarán en Su presencia, cantarán a gran voz: «El Cordero que fue inmolado digno es de recibir el poder, las riquezas, la sabiduría, la fortaleza, el honor, la gloria y la alabanza» (Apoc. 5:12).

La amplitud y profundidad de la Gran Comisión

«Y acercándose Jesús, les habló, diciendo: Toda autoridad me ha sido dada en el cielo y en la tierra. Id, pues, y haced discípulos de todas las naciones, bautizándolos en el nombre del Padre y del Hijo y del Espíritu Santo, enseñándoles a guardar todo lo que os he mandado; y he aquí, yo estoy con vosotros todos los días, hasta el fin del mundo». (Mat. 28:19-20)

Como hemos visto ya, la obra misionera de Dios no comienza en Mateo 28, sino en el huerto del Edén, desde el mismo momento en que el pecado entró en el mundo. Es por esto que, el teólogo norteamericano Michael Horton afirma que la obra misionera no se justifica meramente citando algunos versículos de la Escritura, incluyendo este texto de Mateo 28. «Mas bien, toda la Biblia es acerca de la misión de Dios: enviando a Su Hijo, luego enviando al Espíritu, y (luego) enviando a Su pueblo a hacer discípulos».[1] El rescate de los perdidos no es primariamente una misión de la iglesia. Esa es la misión de Dios. Así que no debemos leer este texto como si Dios nos estuviera diciendo: «Yo ya hice mi parte, ahora les toca a ustedes hacer la suya». No. Recuerda las palabras de Jesús en Mateo 16:18. Él no declara a Sus discípulos: «Ustedes edificarán mi iglesia», sino «Yo edificaré mi iglesia». Este es el trasfondo de la Gran Comisión. El Señor Jesucristo está llevando a cabo lo que Él prometió hacer, pero a través de Su iglesia.

Un escalpelo no puede operar a nadie. Pero el cirujano sí puede hacerlo, usando el escalpelo. Y Dios, quien puede hacer lo que le plazca sin ninguna clase de instrumento, ha decidido usar a Su iglesia.

---

1. Horton, Michael, *The Gospel Commission*, (Grand Rapids: Baker Books, 2011), 25.

Y a través de la proclamación del evangelio en el poder de Su Espíritu Santo, congregará a Su pueblo de todas las familias de la tierra. De ahí la amplitud de la Gran Comisión: «Id, pues, y haced discípulos *de todas las naciones*». «Vayan y proclamen por el mundo que Yo soy el Señor sobre toda cultura y nacionalidad. No hay un Salvador para los judíos y otro para los chinos y otro para los hindúes. Solo a mí se me ha conferido toda autoridad en el cielo y en la tierra, para dar vida eterna a las ovejas del Padre».

Todas las personas, de todas las culturas, razas, y religiones, tienen que arrepentirse de sus pecados y confiar únicamente en Cristo; de lo contrario no podrán ser salvas: *«Yo soy el camino, yo soy la verdad, yo soy la vida, nadie viene al Padre sino por mí»* (Juan 14:6). El apóstol Pedro dice en Hechos 4:12 que no hay otro nombre bajo el cielo, dado a los hombres, en el cual podamos ser salvos que no sea el nombre de Cristo.

Decir eso no es políticamente correcto en el mundo pluralista en que vivimos. Pero la verdad no deja de ser verdad porque muchos decidan cerrar sus oídos contra ella. *«Hay un solo Dios, y también un solo mediador entre Dios y los hombres, Cristo Jesús hombre»* (1 Tim. 2:5). Fuera de Él no hay salvación para nadie.

Pero esta comisión no solo es amplia en su alcance, sino también profunda en su finalidad. El Señor no ordena aquí: «Vayan por el mundo y hagan convertidos». Sino mas bien: «Vayan y hagan discípulos de todas las naciones».

Aunque en nuestras traducciones al español el verbo «ir» está en modo imperativo, en el texto original el único imperativo es «haced discípulos». Luego le siguen tres participios que nos indican la metodología: Yendo, bautizándolos y enseñándoles.

Un discípulo es un seguidor de Jesús, un aprendiz de Jesús, alguien que ha decidido deponer su autonomía y rendirse ante Jesús como su único Dueño y Señor. Es alguien que ha dejado de confiar enteramente en sí mismo, para confiar únicamente en Él.

De manera que la encomienda que Jesús ha dado a Su iglesia es que vayamos por todo el mundo con el propósito de que personas de todo tipo de trasfondo cultural, étnico o religioso, vengan a ser Sus seguidores. ¿Cómo vamos a hacer eso? ¿Cómo haces que un musulmán, budista, o hinduista deje el islam, el budismo o el hinduismo para venir a ser cristiano? En primer lugar, yendo. En el pasaje paralelo en el Evangelio de Lucas vemos claramente que la razón para ir, es predicar el evangelio:

«Entonces les abrió la mente para que comprendieran las Escrituras, y les dijo: Así está escrito, que el Cristo padeciera y resucitara de entre los muertos al tercer día; y que en su nombre se predicara el arrepentimiento para el perdón de los pecados a todas las naciones, comenzando desde Jerusalén». (Luc. 24:45-47)

Debemos salir a llamar a los hombres al arrepentimiento, compartiéndoles la buena noticia de que en Cristo hay perdón para todo aquel que cree. En otras palabras, Dios nos está dando el privilegio de ser un escalpelo en Sus manos para hacer una operación de corazón abierto.

Cuando Dios llamó a Pablo a predicar el evangelio a los gentiles, hizo esta sorprendente descripción de lo que él estaba llamado a hacer: Te estoy enviando a los gentiles «para que abras sus ojos a fin de que se vuelvan de la oscuridad a la luz, y del dominio de Satanás a Dios, para que reciban, por la fe en mí, el perdón de pecados y herencia entre los que han sido santificados» (Hech. 26:18).

Dios tiene poder para hacer eso con gente como tú y como yo, mientras predicamos Su Palabra. Es la Palabra de Dios la que tiene el poder de producir el nuevo nacimiento en personas que están espiritualmente muertas en delitos y pecados. «Él, de su voluntad, nos hizo nacer por la palabra de verdad, para que seamos primicias de sus criaturas» (Sant. 1:18).

Y ¿qué debemos hacer con aquellos que acepten el mensaje? Bautizarlos «en el nombre del Padre y del Hijo y del Espíritu Santo». Debemos guiar a estas personas a hacer una profesión pública de su fe pasando por las aguas del bautismo. Al bautizarse en el nombre del Dios trino, se identifican con el Padre que nos escogió desde antes de la fundación del mundo; con el Hijo que murió y resucitó para nuestra justificación; y con el Espíritu Santo que nos da nueva vida en Cristo, al aplicar eficazmente el evangelio en nuestros corazones.

Es por medio de ese bautismo en agua que venimos a formar parte de una iglesia local. Allí aprenderemos lo que implica ser un seguidor de Jesús como amo, dueño y Señor de nuestras vidas, mientras nos animamos unos a otros a la obediencia: «enseñándoles a guardar todo lo que os he mandado». Pero ya hablaremos más ampliamente sobre esto en el próximo capítulo.

De manera que la Gran Comisión es el medio a través del cual Jesús está cumpliendo la promesa de Mateo 16:18: «[Yo] edificaré mi iglesia». No se trata simplemente de salvar individuos, sino de establecer iglesias. Iglesias que a su vez seguirán estableciendo otras iglesias, donde el evangelio será predicado y los creyentes serán pastoreados y animados entre sí.

La promesa que nos anima, consuela y fortalece en el cumplimiento de la Gran Comisión

«Y he aquí, yo estoy con vosotros todos los días, hasta el fin del mundo». (Mat. 28:20)

Jesús posee plena autoridad sobre todo el universo: sobre los ángeles y los demonios, sobre los fenómenos de la naturaleza, sobre las acciones libres de los hombres, sobre las enfermedades y aun sobre la muerte. Y Él ha prometido estar con nosotros.

«No temas, porque yo estoy contigo; no te desalientes, porque yo soy tu Dios. Te fortaleceré, ciertamente te ayudaré, sí, te sostendré con la diestra de mi justicia». (Isa. 41:10)

No debemos temer, porque Él ha prometido estar con nosotros. Y no solo en esos momentos en los que tendremos que enfrentar grandes dificultades, sino «todos los días». «Nunca te dejaré ni te desampararé», señala Hebreos 13:5. Y aquí en Mateo 28:20 la promesa se conecta de manera particular con el cumplimiento de la Gran Comisión. «No tengas temor a la hora de salir de tu zona de seguridad, porque donde quiera que vayas, yo estaré contigo, todos los días, en cada momento, minuto o segundo de cada día». Y por si todo esto fuera poco, esta promesa no tiene fecha de vencimiento: «He aquí, yo estoy con vosotros todos los días, hasta el fin del mundo». Nuestro Señor Jesucristo regresará cuando el número de los elegidos sea completado. Mientras tanto, Él promete estar con los Suyos guardándolos y guiándolos hasta que estén seguros en Su presencia en la casa de Su Padre.

Sí, debemos tener una carga en nuestros corazones por todos aquellos que están a nuestro lado sin Cristo. Debe ser una carga en nuestros corazones saber que hay muchos seres humanos creados a imagen y semejanza de Dios que nunca han escuchado el evangelio. Estas palabras de Jesús deben producir en nosotros un sentido de gozo y de urgente seriedad al mismo tiempo.

Como mencioné al inicio del capítulo, el combustible que energiza la evangelización y la obra misionera surge de una compleja mezcla de varios elementos: profundo sentido de asombro por el poder, la gloria, y la majestad de nuestro Señor y Salvador Jesucristo; gozo y gratitud por nuestra propia salvación; amor por los perdidos, y una seguridad inconmovible en la promesa de Su presencia en nuestras vidas.

Si somos cristianos, esta comisión es para ti y para mí. Y no es una sugerencia, es una orden del Señor. Pero ¿acaso no es un gozo compartir con otros las inescrutables riquezas de Cristo? ¿No deberíamos anhelar que Su alabanza continúe traspasando las fronteras y resonando en gente de todo pueblo, raza y cultura? «Nosotros no podemos dejar de decir lo que hemos visto y oído» (Hech. 4:20).

Debe ser nuestra oración que el Señor nos conceda tener un renovado deseo de proclamar el evangelio a los perdidos. Preguntarnos incluso si acaso tiene en Sus planes darnos el privilegio de llevar este evangelio más allá de nuestras fronteras. Pero no olvides que esta comisión comienza en la iglesia local y termina en la iglesia local. El mandato de Cristo no es hacer convertidos, sino hacer discípulos. Y el método para llevar a cabo esta tarea es bautizar y enseñar en el contexto de una iglesia, como veremos en el siguiente capítulo.

5

Haced discípulos [...] bautizándolos

«Y acercándose Jesús, les habló, diciendo: Toda autoridad me ha sido dada en el cielo y en la tierra. Id, pues, y haced discípulos de todas las naciones, bautizándolos en el nombre del Padre y del Hijo y del Espíritu Santo, enseñándoles a guardar todo lo que os he mandado; y he aquí, yo estoy con vosotros todos los días, hasta el fin del mundo».

Mateo 28:18-20

Como vimos en el capítulo anterior, la misión que Cristo encargó a Su iglesia es la de hacer discípulos. Ese es el único imperativo que contiene este pasaje en el idioma original. Debemos proclamar el evangelio con el propósito de que personas de todo tipo de trasfondo cultural, étnico o religioso, vengan a ser seguidores y adoradores de Jesús exclusivamente.

Esta comisión descansa en la suprema autoridad de Cristo sobre todo lo creado: «Y acercándose Jesús, les habló, diciendo: Toda autoridad me ha sido dada en el cielo y en la tierra. Id, pues, y haced discípulos de todas las naciones». Ya que Jesús es Dios encarnado, quien consumó la redención en la cruz del Calvario y venció las huestes del mal, él tiene el derecho y el poder para encargarnos semejante tarea. Como bien señala John Piper:

«Sin esta declaración de la autoridad de Jesús, nunca podríamos aventurarnos confiadamente a hacer discípulos. ¿Sobre qué base podemos tener el derecho de decirle a alguien que debe cambiar toda su forma de pensar y de actuar y convertirse en un discípulo de Jesucristo? Solo una cosa podría justificar un proselitismo tan extravagante en todo el mundo: que Jesucristo resucitó de entre los muertos y se le ha dado una autoridad absoluta sobre las fuerzas naturales y sobrenaturales, para que cada ser humano y cada ser angelical le rindan cuentas».

Debemos hacer discípulos de todas las naciones porque Jesucristo es Rey de reyes y Señor de señores. La metodología para llevar a cabo esta tarea es revelada en los tres gerundios que acompañan el mandato: yendo, bautizándolos y enseñándoles. Por lo tanto, no podemos cumplir esta comisión quedándonos en casa. Tenemos que salir a buscar a los que todavía no reconocen la autoridad de Jesús, proclamarles el evangelio y llamarlos al arrepentimiento y a la fe. Si aceptan el mensaje, tenemos entonces la tarea de enseñarles a guardar todo lo que Él ha mandado.

No se trata meramente de enseñarles lo que Él mandó, sino de enseñarles a obedecer a Jesús como su Rey soberano. Él es quien tiene plena autoridad sobre todo el universo y sobre todas las áreas de nuestra vida. Así que para hacer discípulos, debemos salir y debemos enseñar. Pero hay otro elemento en la Gran Comisión que de ninguna manera podemos pasar por alto: «bautizándolos en el nombre del Padre, y del Hijo, y del Espíritu Santo».

Aquel a quien el Padre le ha dado toda autoridad en el cielo y en la tierra, ordena explícitamente que Sus discípulos sean bautizados. Ese es el primer mandato que debemos obedecer. De manera que, es una incoherencia profesar ser un discípulo de Jesús, y no tener ningún interés en bautizarse. Si los discípulos de Jesús deben ser enseñados a guardar todo lo que Él nos ha mandado, el primer mandato que deben obedecer es bautizarse. De lo contrario, tendríamos una razón de mucho peso para dudar de esa profesión de fe. Es contradictorio que una persona profese ser cristiana y no quiera bautizarse.

Por otra parte, aquellos que ya han sido bautizados, necesitan recordar qué fue lo que testificaron públicamente al pasar por las aguas del bautismo, porque es algo que podemos olvidar fácilmente al pasar el tiempo. Lo mismo sucede con los votos matrimoniales. Los novios prometen muchas cosas el día de la boda. Pero todos sabemos por experiencia que, con el paso de los años, muchos olvidan las promesas que hicieron. Y ese olvido tendrá consecuencias fatales para nuestros matrimonios.

Y si eso es así en la relación de pareja, cuánto más lo será en nuestra relación con Cristo y con Su iglesia. Lo que estoy tratando de decir es que, aunque el cristiano se bautiza una sola vez, lo que sucede en el bautismo debe ser recordado a lo largo de toda nuestra vida. De ahí la importancia de entender el significado del bautismo.

¿Cuál es el significado del bautismo?

¿Por qué Jesús escogió este ritual como una especie de contraseña de la vida cristiana? Porque el bautismo es el ritual más apropiado para hacer visible, en forma simbólica, tres cosas que suceden al momento de la conversión y que nadie puede ver. El bautismo no produce estas cosas, sino que las hace visibles.

La primera es nuestra unión con Cristo en Su muerte y en Su resurrección. Pablo lo plantea de este modo en el capítulo 6 de su carta a los Romanos:

«¿O no sabéis que todos los que hemos sido bautizados en Cristo Jesús, hemos sido bautizados en su muerte? Por tanto, hemos sido sepultados con El por medio del bautismo para muerte, a fin de que como Cristo resucitó de entre los muertos por la gloria del Padre, así también nosotros andemos en novedad de vida. Porque si hemos sido unidos a Él en la semejanza de su muerte, ciertamente lo seremos también en la semejanza de su resurrección». (Rom. 6:2-5)

Como hemos visto ya, la palabra «bautismo» es la transliteración de una palabra griega que significa «sumergir dentro de». La persona que se bautiza es sumergida en el agua para simbolizar que ha sido sumergida en Cristo, y que ha sido sepultada y ha resucitado juntamente con Él. Por causa de nuestra unión con Cristo, hemos muerto al pecado y su dominio sobre nosotros, y ahora pertenecemos al Dios trino. Tenemos un nuevo Dueño, una nueva vida y una nueva identidad.

«Porque habéis muerto, y vuestra vida está escondida con Cristo en Dios». (Col. 3:3)

«Porque todos los que fuisteis bautizados en Cristo, de Cristo os habéis revestido». (Gál. 3:27)

Ahora, debemos aclarar que no es el bautismo lo que nos une a Cristo. Pero eso que sucede por medio de la fe es simbolizado a través del bautismo. Pablo señala en Colosenses 2:12 que los creyentes fuimos «sepultados con él en el bautismo, en el cual fuisteis también resucitados con él, mediante la fe en el poder de Dios que le levantó de los muertos». No fue mediante el bautismo que sucedió todo eso, sino mediante la fe. Pero el bautismo simboliza visiblemente esa obra invisible que Dios llevó a cabo en nosotros al momento de la conversión.

En segundo lugar, debido a que el agua es un símbolo universal de purificación, el bautismo también simboliza el perdón o lavamiento de nuestros pecados. Contrario a lo que enseña el catolicismo romano, el bautismo no nos purifica del pecado original, ni de ningún otro pecado. Eso solo puede hacerlo la sangre de Cristo derramada en la cruz. «En Él tenemos redención mediante su sangre, el perdón de nuestros pecados según las riquezas de su gracia» (Ef. 1:7). Y Juan nos enseña en su primera carta que «si andamos en luz, como él está en luz, tenemos comunión unos con otros, y la sangre de Jesucristo su Hijo nos limpia de todo pecado» (1 Jn. 1:7). Ningún ritual puede hacer eso. Pero aquel que ha sido lavado en la sangre de Cristo, testifica públicamente de esa realidad a través del bautismo. Cuando Pablo se convirtió a Cristo en el camino a Damasco, leemos en Hechos 22:14 que el Señor envió a Ananías para que le diera un mensaje de Su parte:

> «El Dios de nuestros padres te ha designado para que conozcas su voluntad, y para que veas al Justo y oigas palabra de su boca. Porque testigo suyo serás a todos los hombres de lo que has visto y oído. Y ahora, ¿por qué te detienes? Levántate y bautízate, y lava tus pecados invocando su nombre». (Hech. 22:14-16)

Es al invocar el nombre de Cristo que somos lavados de nuestros pecados. Pero si Cristo ha hecho esa obra en ti, y aún no te has bautizado, «¿por qué te detienes? Levántate y bautízate». La realidad invisible de que todos nuestros pecados han sido lavados en la sangre de Cristo, debe ser manifestada en una forma visible a través del bautismo. Al ser sumergido en el agua, estás testificando públicamente que has recibido el perdón de Dios. Por otra parte, ese bautismo será para ti un recordatorio continuo de que todos tus pecados, presentes, pasados y futuros, han sido lavados y purificados. Y esto no por el agua del bautismo, sino por la sangre que Cristo derramó a tu favor en la cruz del calvario. «Cada vez que pequemos», nos señala Juan Calvino, «tenemos que recordar nuestro bautismo y confirmarnos en la fe de estar siempre seguros del perdón de nuestros pecados». No importa lo que hayas sido en el pasado, «ya habéis sido lavados», expresa Pablo en 1 Corintios 6:11, «ya habéis sido santificados, ya habéis sido justificados en el nombre del Señor Jesús, y por el Espíritu de nuestro Dios».

En tercer lugar, el bautismo también simboliza nuestra unión con el pueblo de Dios. Si ahora eres uno con Cristo, también eres uno con todos aquellos que son de Él. Es por eso que el bautismo es la puerta de entrada para la comunión visible con el cuerpo de Cristo que es la iglesia. Cuando Pedro predicó el evangelio en el día de Pentecostés, muchos de los que escuchaban el mensaje preguntaron compungidos de corazón: «Hermanos, ¿qué haremos?». A lo que Pedro respondió: «Arrepentíos y sed bautizados cada uno de vosotros en el nombre de Jesucristo para perdón de vuestros pecados» (Hech. 2:37-38). De esa manera se añadieron aquel día a la recién nacida iglesia en Jerusalén «como tres mil almas» (Hech. 2:41). Y Lucas nos señala más adelante, que «el Señor añadía cada día al número de ellos los que iban siendo salvos» (Hech. 2:47). ¿Cómo eran añadidos? Por el contexto del pasaje sabemos que debía ser a través del bautismo.

Hay al menos dos textos más en los que vemos claramente esa conexión entre el bautismo y la membresía de la iglesia. En 1 Corintios 12:13, Pablo nos indica que «por un solo Espíritu fuimos todos bautizados en un cuerpo, sean judíos o griegos, sean esclavos o libres; y a todos se nos dio a beber de un mismo Espíritu». Aunque el texto no menciona el bautismo en agua, sino el bautismo en el Espíritu, no podemos separar uno del otro. Esto se observa claramente en Gálatas 3:28, donde Pablo hace referencia al bautismo en agua: «Porque todos los que fuisteis bautizados en Cristo, de Cristo os habéis revestido. No hay judío ni griego; no hay esclavo ni libre; no hay hombre ni mujer; porque todos sois uno en Cristo Jesús».

Es a través de ese bautismo en Espíritu que hemos venido a ser parte de la iglesia universal, «sean judíos o griegos, sean esclavos o libres». De la misma manera, y a través del bautismo en agua, pasamos a formar parte de la iglesia local, independientemente de si somos judíos o griegos, esclavos o libres, hombres o mujeres. Todos nos bautizamos en el nombre de Cristo, para mostrar que pertenecemos a Él, y a todos aquellos que están unidos a Él por la fe.

Como una nota al margen, Pablo no está enseñando en Gálatas 3:28 que al convertirnos al Señor se borran todas las distinciones biológicas o funcionales entre el hombre y la mujer. La confusión creada por la mal llamada «ideología de género» no existía en tiempos de Pablo. Lo que este texto nos enseña es que todos disfrutamos del mismo estatus espiritual en la presencia de Dios por el hecho de estar en Cristo. La nacionalidad, la condición social o el sexo son irrelevantes en ese sentido. Todos hemos sido igualmente justificados. Solo por Cristo, solo por gracia y solo por medio de la fe.

De manera que el bautismo simboliza nuestra unión con Cristo en Su muerte y Su resurrección, la purificación de nuestros pecados y la unión con Su pueblo. Todo eso ocurrió en nosotros al momento de la conversión, pero viene a ser simbolizado visiblemente a través del bautismo. Ahora bien, si eso es lo que el bautismo significa, ¿quiénes son los que deberían ser bautizados?

¿Quiénes deben ser bautizados?

Es convicción de los bautistas, entre otros, que solo deben ser bautizados aquellos en quienes han sucedido todas estas cosas que el bautismo simboliza. Esa es una de las razones por las que no practicamos el bautismo de infantes, es decir, el bautismo de niños que no tienen edad suficiente para entender el mensaje del evangelio, de modo que puedan arrepentirse y creer.

Muchos que hoy profesan la fe, fueron bautizados en la infancia dentro del catolicismo romano. Y precisamente por eso fueron nuevamente bautizados después de su conversión, porque no creemos que ese bautismo haya tenido ninguna validez.

Debo aclarar que hay iglesias cristianas que predican la salvación solo por gracia, solo por Cristo y solo por medio de la fe, que practican el bautismo de infantes, como es el caso de las iglesias presbiterianas. No es nuestro foco de atención pasar a explicar los argumentos del presbiterianismo a favor del bautismo de infantes. Pero sí es importante aclarar que, contrario al catolicismo romano, ellos no creen que sus hijos se van a salvar solo por bautizarse. Mas bien esperan que sus hijos se conviertan al Señor cuando tengan edad suficiente para arrepentirse y creer.

Respetamos la postura teológica de nuestros hermanos presbiterianos, y no queremos hacer de este asunto un motivo de división y de contienda. Sin embargo nuestra convicción como bautistas es que el orden neotestamentario es primero conversión y después bautismo, no al revés. Eso fue lo que vimos en el texto que leímos hace un momento en Hechos 2:37-38: «Arrepentíos y sed bautizados cada uno de vosotros en el nombre de Jesucristo para perdón de vuestros pecados».

Cuando Felipe le predicó el evangelio al eunuco etíope, leemos en el capítulo 8 de los Hechos que llegaron a un lugar donde había suficiente agua; y el etíope preguntó: «Aquí hay agua; ¿qué impide que yo sea bautizado?». «Felipe le respondió: Si crees de todo corazón, bien puedes. Y respondiendo, dijo: Creo que Jesucristo es el Hijo de Dios. Y mandó parar el carro; y descendieron ambos al agua, Felipe y el eunuco, y le bautizó» (Hech. 8:36-38).

En forma negativa, la respuesta de Felipe al etíope sería algo como esto: «Si no crees de todo corazón, de ninguna manera puedes bautizarte». De aquí nuestra convicción de que solo deben bautizarse aquellos que a través de un cambio de vida confirman la veracidad de su profesión de fe. No tiene que ser un teólogo ni un creyente maduro, sino simplemente un creyente (el orden en Mateo 28:20 es «bautizándolos y enseñándoles», no al revés).

Es por esa misma razón que tampoco bautizamos a niños pequeños, aunque profesen ser cristianos. Es extremadamente difícil poder diferenciar cuando un niño está viviendo a la luz de la creencia de sus padres y cuándo él mismo ha venido a Cristo en arrepentimiento y fe. Independientemente de si el bautismo es la puerta de entrada para la membresía en la iglesia local, pensamos que es un asunto de prudencia esperar hasta que la persona pueda asumir ese compromiso de forma plena y responsable. No podemos ser dogmáticos al establecer cuál es la edad razonable para que un muchacho sea bautizado. Pero debe tener edad suficiente como para mostrar la realidad de su fe y venir a ser miembro de una iglesia local con todo lo que eso implica.

Finalmente, aún nos resta una pregunta acerca del bautismo, la cual responderemos más brevemente...

¿Cuál es la forma apropiada de llevar a cabo el bautismo, por aspersión o por inmersión?

¿Es acaso suficiente rociar agua sobre la cabeza del que se bautiza, o debemos sumergirlos completamente en agua? Los bautistas creemos que la forma más apropiada de llevar a cabo el bautismo es por inmersión. Y esto básicamente por tres razones.

En primer lugar, en base al significado del término en el original. Como dijimos hace un momento, la palabra griega que se traduce como bautismo significa «sumergir dentro de». Hay otra palabra griega que significa aspersión o rociamiento, pero nunca es usada en el Nuevo Testamento para referirse al bautismo.

En segundo lugar, por el significado del bautismo. ¿Cuál es la mejor manera de simbolizar que, como señala Pablo en Colosenses 2, fuimos «sepultados con él en el bautismo, en el cual fuisteis también resucitados con él»? O ¿cuál es la mejor manera de simbolizar que todos nuestros pecados fueron perdonados? Creemos que la inmersión en agua es el método más apropiado en ambos casos.

En tercer lugar, esta parece haber sido la práctica bíblica en el Nuevo Testamento. Leemos en Juan 3:23 que Juan el Bautista bautizaba en un lugar llamado Enón «porque allí había mucha agua». Y en Mateo 3:16 vemos que después de que Jesús fue bautizado, «salió del agua», lo cual implica evidentemente que estaba dentro. Lo mismo se implica también en la historia de Felipe y el etíope en Hechos 8. Fue al llegar a «cierta agua» que el etíope preguntó si podía bautizarse. Debemos suponer que este hombre llevaba en su carro suficiente agua para beber ya que tenía que atravesar el desierto para llegar a Etiopía. Si el bautismo hubiera sido por aspersión, no habrían tenido que llegar a un lugar donde hubiera agua. Y es obvio que no se trataba de un arroyito, porque el texto expresa que «descendieron ambos al agua, Felipe y el eunuco, y le bautizó» (Hech. 8:36-38). Era suficiente agua como para sumergirse.

Estos últimos dos aspectos que hemos considerado acerca del bautismo, es decir, quiénes deben bautizarse y cómo, suelen ser los más controversiales dentro del pueblo de Dios. Pero espero que no desvíen tu atención de aquello en lo que todos los cristianos hemos estado de acuerdo a lo largo de los siglos: Que todo verdadero creyente debe dar testimonio público de su fe a través del bautismo. El bautismo no es necesario para la salvación. El ladrón en la cruz se fue al paraíso sin ser bautizado. Lo único que es indispensable para salvarse es tener una fe genuina. Pero todo aquel que cree debe tener el anhelo de manifestar a través del símbolo visible del bautismo, aquellas bendiciones de la salvación que nadie puede ver a simple vista. Las mismas que recibimos solo por gracia, solo por Cristo y solo por medio de la fe: nuestra unión con Cristo, la purificación de nuestros pecados y nuestra unión con el pueblo de Dios que es la iglesia.

Si eres un creyente, y ya te bautizaste, este es un buen momento para recordarle a tu alma el significado de tu bautismo. Recuerda que tienes un nuevo Dueño. Que disfrutas de una nueva identidad por causa de tu unión con Cristo; que ya no eres esclavo del pecado porque fuiste sepultado y resucitado juntamente con Él, para andar en novedad de vida. Recuerda que todos tus pecados han sido perdonados, no por causa del bautismo, sino por la bendita sangre que Jesucristo nuestro Salvador derramó por ti en la cruz del Calvario. Recuerda que ahora perteneces a una iglesia local; y que tu relación con Cristo no puede ser individualista ya que el verdadero discipulado cristiano es un proyecto de comunidad.

Pero si no te has bautizado aún, déjame hacerte una pregunta: ¿Crees de todo corazón «que Jesucristo es el Hijo de Dios» que murió por tus pecados en la cruz del Calvario, y que resucitó al tercer día?

¿Te has arrepentido de tus pecados y has confiado únicamente en Cristo para salvación? Entonces, «¿por qué te detienes? Levántate y bautízate», como han hecho millones de cristianos a través de los siglos, en obediencia a su Señor y Salvador. No hay que ser un teólogo ni un creyente maduro para bautizarse. Lo que se requiere es que seas un creyente, dispuesto a identificarte públicamente con Cristo y con Su iglesia.

El bautismo y la membresía en una iglesia local son indispensables para el discipulado cristiano. Dios te escogió desde antes de la fundación del mundo para hacerte conforme a la imagen de Su Hijo (Rom. 8:29). De eso se trata el discipulado, de venir a ser como Jesús al aprender de él (Ef. 4:20). Y es en el contexto de la membresía en una iglesia local donde Dios lleva a cabo ese proceso de santificación progresiva. Es en la iglesia local donde también eres pastoreado por hombres debidamente llamados y cualificados por Dios. Donde además pones tus dones en operación para el servicio de otros, y donde eres edificado con los dones que Dios ha dado al resto del cuerpo. Aprenderemos más sobre esto en los próximos dos capítulos.

6

Autoridad y cuidado pastoral en la iglesia

«Acordaos de vuestros guías que os hablaron la palabra de Dios, y considerando el resultado de su conducta, imitad su fe».

«Obedeced a vuestros pastores y sujetaos a ellos, porque ellos velan por vuestras almas, como quienes han de dar cuenta. Permitidles que lo hagan con alegría y no quejándose, porque eso no sería provechoso para vosotros».

«Saludad a todos vuestros pastores ya todos los santos. Los de Italia os saludan».

Hebreos 13:7, 17 y 24

«Yo no sigo a hombres, sino a Cristo». No sé cuantas veces he escuchado esta frase a lo largo de mis casi 42 años siendo cristiano. Por supuesto, si lo que se ha querido expresar es que no debemos poner nuestra confianza en ninguna religión humana, ni someternos ciegamente a mandamientos de hombres, estaría completamente de acuerdo con esa afirmación. Pero sospecho que lo que se esconde detrás de ese lema es una declaración de autonomía que es contraria a la esencia del cristianismo.

Ser cristianos implica someternos al señorío de Cristo como la autoridad suprema de nuestras vidas. Y a su vez, esto implica la disposición a reconocer el liderazgo que el mismo Cristo estableció para el gobierno de Su iglesia. Somos cristianos porque nuestro «yo» ha sido crucificado juntamente con Cristo y ha resucitado con Él para andar en novedad de vida. Y ese Cristo, que ahora es nuestro Señor, ha colocado pastores en Sus iglesias locales para bendecir a Su pueblo por medio de ellos.

El Nuevo Testamento habla ampliamente de los líderes que Cristo ha puesto sobre Sus iglesias para velar por ellas. Pero aquí, vamos a tomar como punto de partida las enseñanzas que podemos derivar de los tres versículos de Hebreos 13 que encabezan este capítulo. La primera es que Cristo, la cabeza de la iglesia, estableció que las iglesias locales sean guiadas por una pluralidad de pastores.

Es la voluntad expresa de Cristo que las iglesias locales sean guiadas por una pluralidad de pastores

«Acordaos de *vuestros guías* que os hablaron la palabra de Dios, y considerando el resultado de su conducta, imitad su fe». (Heb. 13:7)

La palabra que se traduce como «guía» es la misma que en los otros dos textos se traduce como «pastores». Los destinarios de esta carta podían recordar a aquellos que habían sido sus pastores en el pasado, y que les habían enseñado y ejemplificado la Palabra de Dios: «Consideren el resultado de su conducta, imiten su fe».

«Obedeced a *vuestros pastores* y sujetaos a *ellos*, porque *ellos* velan por vuestras almas, como quienes han de dar cuenta.

Permitidles que lo hagan con alegría y no quejándose, porque eso no sería provechoso para vosotros». (Heb. 13:17)

Esta iglesia no solo había tenido pastores en el pasado, sino que los seguía teniendo en el presente.

«Saludad a *todos vuestros pastores* ya todos los santos. Los de Italia os saludan». (Heb. 13: 24)

Debemos suponer que, al momento de recibir esta carta, esta iglesia estaba siendo pastoreada por tres pastores o más; sería sumamente extraño que el autor les pidiera saludar «a todos vuestros pastores» si solo fueran dos. De manera que el modelo ideal que nos presenta la Escritura es el de una iglesia (en singular) gobernada por una pluralidad de pastores. Ese es el patrón que vemos una y otra vez en el Nuevo Testamento.

Por ejemplo, en Hechos 14:23, Lucas nos señala que al regreso de su primer viaje misionero, Pablo y Bernabé «Constituyeron ancianos [plural] en cada iglesia [singular]».[1] En Filipenses 1:1 Pablo envía saludos a los creyentes en Filipos, «incluyendo a los obispos y diáconos». En 1 Timoteo 5:17 se nos ordena mostrar honra a los ancianos que gobiernan bien, «mayormente *los que trabajan* en predicar y enseñar». El apóstol no solo da por sentada la pluralidad de pastores sino también el que varios de ellos pueden predicar y enseñar. En Santiago 5:14 leemos que si alguno está enfermo debe llamar «a los ancianos [plural] de la iglesia [singular]» para que oren por él. Y en

---

1. El término «anciano» es usado a menudo en el Nuevo Testamento para referirse a los pastores, lo mismo que el término «obispo» (comp. Hech. 20:17 y 28; Tito 1:5 y 7; 1 Ped. 5:1-4). Estos tres términos: «pastores», «ancianos» y «obispos», hacen referencia al mismo oficio contemplándolo desde ángulos distintos.

1 Pedro 5:1, el apóstol dirige unas palabras de exhortación «a *los ancianos* que están entre vosotros».

Los pastores ejercen sobre la iglesia una autoridad delegada por Cristo mismo:

El término que se traduce en Hebreos 13:7, 17 y 24 como «guías» o «pastores» es la palabra griega *hegeomai*, de donde proviene nuestra palabra «hegemonía». Es la misma palabra que se usa en Hechos 7:10 para referirse a José como gobernador en Egipto.

Los pastores gobiernan o presiden la iglesia en el nombre de Cristo y bajo la autoridad de Cristo (1 Tim. 3:4-5; 5:17). Ahora, yo soy consciente de que muchos se resisten al concepto de autoridad porque lo asocian con «tiranía» o «autoritarismo». Cuando escuchan hablar de la autoridad pastoral, imaginan a un hombre, o un grupo de hombres, enseñoreándose sobre la conciencia de los demás; tiranos que usan su posición para aplastar a todo el que no piense como ellos. Y lamentablemente algunos ministerios funcionan así. Pero esa no es la imagen que la Biblia nos presenta de los pastores. Ellos tienen autoridad, pero una autoridad delegada que debe ser ejercida en sumisión a Cristo y para el beneficio espiritual de las ovejas que Él compró con Su sangre.

Los pastores no fueron llamados a imponer sus opiniones en las vidas de otros. Ellos fueron llamados a comunicar fielmente a la iglesia la voluntad de su Señor revelada en Su Palabra, y velar con autoridad que esa Palabra sea obedecida. Gobiernan primordialmente a través de la proclamación de la Escritura (2 Tim. 2:15; 4:1-2).

El comentarista John Brown declara al respecto: «En toda sociedad ordenada debe haber gobernadores; y nuestro Señor Jesucristo, que no es autor de confusión sino de paz [...] ha incluido el de "gobernantes" o dirigentes entre los dones que ha impartido en sus iglesias".[2] Más adelante, Brown añade que estos hombres no ejercen sobre la iglesia una autoridad legislativa. En otras palabras, ellos no tienen autoridad para instituir nuevas leyes ni nuevas ordenanzas. «Su autoridad está completamente subordinada a la autoridad de Cristo. Sin embargo, dentro de los límites que Él ha prescrito, ellos son gobernadores».[3]

«Los ancianos que gobiernan bien sean considerados dignos de doble honor, principalmente los que trabajan en la predicación y en la enseñanza». (1 Tim. 5:17)

«Pero os rogamos hermanos, que reconozcáis a los que con diligencia trabajan entre vosotros, y os dirigen en el Señor y os instruyen, y que los tengáis en muy alta estima con amor, por causa de su trabajo. Vivid en paz los unos con los otros». (1 Tes. 5:12-13)

Estos gobernantes no son tiranos, son pastores que poseen una autoridad delegada por Cristo a través de la iglesia. Y este es un punto extremadamente importante.

El Señor Jesucristo ha conferido a cada iglesia local la autoridad para aceptar quiénes serán sus miembros y elegir quiénes serán sus líderes, siguiendo los principios establecidos en la Escritura (Hech. 6:1-6). Pero una vez que han sido escogidos por la iglesia, los pastores están llamados a guiarla y dirigirla a través de la Palabra. De modo que los pastores tienen autoridad sobre la iglesia. Esa autoridad no es un fin

---

2. Brown, John, (San Bernadino: Ulan Press, *Epistle to the Hebrews*, 2012), 686.
3. Ibíd.

en sí mismo, sino más bien un medio para llevar a cabo eficazmente la labor que se les ha confiado.

Y ¿cuál es esa labor? Aunque estos versículos de Hebreos 13 no nos proveen una descripción detallada del trabajo pastoral, sí nos muestran de manera general cuál es la tarea que Cristo ha encomendado a los pastores.

Los pastores gobiernan la iglesia enseñando y ejemplificando la Escritura, y velando por el estado espiritual de las ovejas como quienes han de dar cuenta en la presencia de Dios

«Acordaos de vuestros guías que os hablaron la palabra de Dios, y considerando el resultado de su conducta, imitad su fe». (Heb. 13:7)

«Obedeced a vuestros pastores y sujetaos a ellos, porque ellos velan por vuestras almas, como quienes han de dar cuenta. Permitidles que lo hagan con alegría y no quejándose, porque eso no sería provechoso para vosotros». (Heb. 13:17)

Los pastores son descritos aquí como hombres que hablan la Palabra y la modelan en sus propias vidas. Pero también velan por el estado espiritual de las almas que fueron puestas a su cuidado; se mantienen alerta para proteger al rebaño, advirtiéndole de los peligros que pueden poner en riesgo la vida espiritual de los creyentes. De esa manera pueden traer consejo o amonestación oportuna.

Es probable que el autor de la carta a los Hebreos haya tenido en mente el pasaje de Ezequiel 3:17 al escribir este texto. Allí, Dios le indica al profeta Ezequiel: «Hijo de hombre, yo te he puesto por atalaya de la casa de Israel, oirás, pues, tú la palabra de mi boca, y los amonestarás de mi parte».

En la antigüedad los atalayas eran vigilantes que se colocaban en lo alto de una torre con los ojos bien abiertos para avisar a tiempo de algún peligro que amenazaba la ciudad. Los pastores somos también supervisores de la grey de Dios, listos para traer advertencias, exhortaciones y amonestaciones en el momento oportuno. Y aunque no todo el mundo recibe ese ministerio con alegría, es parte del cuidado de Dios para con nosotros.

Los atalayas no están allí para molestar a las personas, sino para protegerlas. Esa es la misma idea que encontramos en Hechos 20:28. Hablando a los pastores de Éfeso, Pablo expresa: «Mirad por vosotros mismos, y por todo el rebaño en que el Espíritu Santo os ha puesto por obispos, para apacentar la iglesia del Señor, la cual él ganó por su propia sangre».

Por más de dos años Pablo había estado ministrando en la ciudad de Éfeso, pero había llegado el momento de su partida definitiva de la ciudad. ¿Qué pasaría con la iglesia a partir de ese momento? Los pastores que se quedaban allí tenían la responsabilidad de continuar haciendo lo mismo que Pablo había estado haciendo entre ellos:

> … yo sé que ninguno de todos vosotros, entre quienes he pasado *predicando el reino de Dios*, verá más mi rostro. Por tanto, yo os protesto en el día de hoy, que estoy limpio de la sangre de todos; *porque no he rehuido anunciaros todo el consejo de Dios*. (Hech. 20:25-27)

Ese es el deber primario de los pastores: hacer entender a las ovejas cuál es la voluntad de su Señor y Salvador, exponiendo fielmente la

Palabra, y persuadiéndoles a la obediencia. Este aspecto es tan importante en el ministerio pastoral, que los pastores no deben permitir que ninguna otra cosa interfiera con esta responsabilidad. (Hech. 6:2, 4; 1 Tim. 3:2; 4:6, 11, 13-16; 2 Tim. 2:15; 4:1-5).

Los pastores que se mencionan en el versículo 7 de Hebreos 13, no solo habían sido fieles al ministrar la Palabra, sino también modelándola delante de ellos.

«Acordaos de vuestros guías que os hablaron la palabra de Dios, y considerando el resultado de su conducta, imitad su fe». (Heb. 13:7)

Es probable que estos pastores ya habían partido con el Señor. Eran hombres que habían vivido fielmente y que habían muerto fielmente. Y ahora el autor de la carta los exhorta a imitarlos. Esto no quiere decir que esos pastores hayan sido perfectos. Pero fueron hombres de integridad, que manifestaron en sus vidas un genuino deseo de hacer la voluntad de Dios, aun en medio de muchas dificultades y aflicciones. «No olviden el ejemplo de esos hombres, ni las enseñanzas que impartieron; tráiganlos a vuestra memoria una y otra vez», expresa el autor. Pero no simplemente para tener anécdotas interesantes que contar, sino para imitar su ejemplo: «considerad cuál haya sido el resultado de su conducta, e imitad se fe».

Ahora, no era suficiente que ellos recordaran a los pastores fieles del pasado. También era necesario que reconocieran la labor de los pastores que tenían en el presente.

«Obedeced a vuestros pastores y sujetaos a ellos, porque ellos velan por vuestras almas, como quienes han de dar cuenta.

Permitidles que lo hagan con alegría y no quejándose, porque eso no sería provechoso para vosotros». (Heb. 13:17)

Es extremadamente fácil exaltar, y hasta mitificar, a los siervos de Dios del pasado. Alguien pudiera decir: «Si yo hubiera vivido en la época de Jonathan Edwards, o de Spurgeon, o de Martyn Lloyd-Jones, con gusto me hubiera sometido a su liderazgo». Pero ¿qué de los pastores que tienes ahora? ¿Qué de los hombres de carne y hueso que el Señor ha provisto para pastorear la iglesia de la cual eres miembro? ¿Cómo te relacionas con ellos? ¿Cuánto aprecias el trabajo que hacen semana tras semana a favor de tu alma? ¿Cuánto valoras el esfuerzo que realizan para exponerte con fidelidad la Escritura domingo tras domingo?

Los miembros de la iglesia deben estimar y respetar a sus pastores, procurando al mismo tiempo que hagan su trabajo con alegría

«Obedeced a vuestros pastores y sujetaos a ellos, porque ellos velan por vuestras almas, como quienes han de dar cuenta. Permitidles que lo hagan con alegría y no quejándose, porque eso no sería provechoso para vosotros». (Hebreos 13:17)

Confieso que enseñar acerca de este tema puede resultar incómodo para un pastor, porque algunos pueden pensar que estamos sacando ventaja del texto para nuestro propio provecho. Pero lo cierto es que este versículo está en la Biblia y, por lo tanto, es parte de «todo el consejo de Dios» que los pastores deben exponer. Además, lo que se nos ordena en este texto no es para beneficio de los pastores, sino para beneficio de la congregación, como veremos en un momento.

Satanás conoce la enorme importancia del ministerio pastoral para la salud espiritual de los miembros de la iglesia. Por eso hará todo lo posible para anular nuestra labor, para levantar una muralla entre nosotros y la iglesia y así hacer ineficaz nuestra ministración. Pero él no puede hacer eso sin nuestro consentimiento. De ahí la directriz que el autor de esta carta ofrece por inspiración divina a los miembros de esta congregación.

¿Cuál es la responsabilidad de los miembros de la iglesia hacia sus pastores? Según este texto, son dos básicamente: reconocer la autoridad que el Señor les ha conferido, y hacer todo lo que esté a nuestro alcance para que ellos hagan su labor con gozo.

Los miembros de la iglesia deben reconocer la autoridad de sus pastores

Ya vimos que los pastores tienen una autoridad delegada por Cristo. Pero ahora se nos ordena reconocer esa autoridad y actuar en consecuencia. Eso no es opcional. El autor de esta carta, inspirado por el Espíritu Santo, escribió un doble mandato aquí: «Obedeced a vuestros pastores, y sujetaos a ellos». El problema es que, debido al pecado que todavía mora en nosotros, hay una resistencia para someternos a la autoridad. La esencia del pecado no es otra cosa que rebeldía y autonomía. Una resistencia a someternos a la voluntad de otro, incluyendo la voluntad de Dios mismo. Esa fue la tentación de Satanás en el huerto del Edén, «seréis como Dios», y sigue siendo el canto de sirena con el cual continúa destruyendo la vida de millones de almas en todo el mundo.

Por otro lado, existe también el problema de que los líderes a los cuales debemos someternos no son perfectos. Dios hubiera podido enviar ángeles para que pastorearan la iglesia. Pero quiso enviar hombres que, a pesar de su integridad y fidelidad a Dios, siguen siendo hombres débiles. Ellos deben estar en pie de guerra en contra de sus propios pecados. Estos pastores cometen errores, se cansan y nunca podrán llenar la medida de lo que las personas esperan de ellos. De ahí el doble mandamiento que encontramos en el versículo 17 a obedecer y sujetarnos.

La palabra «obedecer» significa literalmente «dejarse convencer con argumentos», «ser persuadidos». En este caso, por medio de la enseñanza fiel de la Palabra de Dios. Si tus pastores te están mostrando claramente cuál es la voluntad de Dios revelada en Su Palabra, no sigas poniendo resistencia. No es su opinión la que están presentando delante de ti.

Por esta razón, los pastores debemos esforzarnos en mostrar a la iglesia que lo que decimos es lo que la Biblia realmente enseña. Queremos convencer y persuadir con la Palabra de Dios.

Muchas veces tenemos que dar consejos en asuntos que son neutrales, donde hay varios cursos de acción legítimos. En tal caso, el creyente es libre de seguir o no el consejo pastoral. Pero cuando se trata de un claro mandato de la Escritura, la obediencia no es opcional.

Pero no solo se trata de obedecer, sino también de sujetarse a los pastores. En otras palabras, debemos reconocer la autoridad que ellos poseen en lo tocante al gobierno de la iglesia, aun en situaciones en las que los miembros no estén de acuerdo. Como hemos visto antes, ellos presiden y gobiernan la iglesia. Por lo tanto, están llamados a tomar decisiones en lo tocante a la vida y ministerio de la iglesia, dentro de los límites de los principios generales de la Escritura.

Lo que se requiere de los miembros no es una obediencia mecánica, sino una que refleja la honra que deseamos mostrar a una persona.

EL CUERPO DE CRISTO

«Pero os rogamos hermanos, que reconozcáis a los que con diligencia trabajan entre vosotros, y os dirigen en el Señor y os instruyen, y que los tengáis en muy alta estima con amor, por causa de su trabajo. Vivid en paz los unos con los otros». (1 Tes. 5:12-13)

«Los ancianos que gobiernan bien sean considerados dignos de doble honor, principalmente los que trabajan en la predicación y en la enseñanza». (1 Tim. 5:17)

Dios nos manda en Su Palabra que honremos a nuestros pastores, y que los tengamos en alta estima y amor por causa de la labor que realizan a favor del rebaño que Cristo compró con Su sangre.

Los miembros de la iglesia deben hacer todo lo que esté a su alcance para que los pastores hagan su labor con gozo

«Obedeced a vuestros pastores y sujetaos a ellos, porque ellos velan por vuestras almas, como quienes han de dar cuenta. *Permitidles que lo hagan con alegría y no quejándose*, porque eso no sería provechoso para vosotros». (Heb. 13:17)

No solo debemos reconocer la autoridad que el Señor ha conferido a los pastores, sino que los miembros deben hacer lo posible para que ellos puedan hacer su labor con gozo y alegría. «Por causa del trabajo que realizan y la responsabilidad que tienen delante de Dios, traten de aliviar sus cargas en vez de aumentarlas. Para ustedes no será provechoso que sus pastores tengan que hacer su trabajo luchando continuamente con la amargura y la queja».

«Cuando los miembros se niegan a obedecer y no le tienen respeto a sus dirigentes, la obra de la iglesia se vuelve una carga. Los miembros deben darse cuenta de que ni ellos ni los dirigentes son dueños de la iglesia. La iglesia pertenece a Jesucristo, ante quien los lectores son responsables. Si ellos hacen que la vida y obra de los dirigentes sea difícil, ellos mismos serán los perdedores».[4]

Los miembros de la iglesia deben ver a sus pastores como regalos, los cuales el Cristo exaltado ha dado a Su pueblo para su beneficio.

«Pero a cada uno de nosotros se nos ha concedido la gracia conforme a la medida del don de Cristo. Por tanto, dice: Cuando ascendió a lo alto, llevo cautiva una hueste de cautivos y dio dones a los hombres». (Ef. 4:7,8)

El Señor Jesucristo es señalado aquí como nuestro Capitán que en la cruz del Calvario venció al diablo, a la muerte y al pecado. En Su victoria Él ha tomado cautiva a una hueste de cautivos, a los cuales ha librado de la esclavitud de Satanás para venir a ser Sus siervos. Y de entre esas huestes de cautivos que Él libertó y que ahora son Suyos, Jesús escogió hombres para darlos como dones a Su iglesia.

---

4. Ibid.

«Y El dio a algunos el ser apóstoles, a otros profetas, a otros evangelistas, a otros pastores y maestros, a fin de capacitar a los santos para la obra del ministerio, para la edificación del cuerpo de Cristo». (Efesios 4:11-12)

Ya que los pastores son dones del Señor a Su iglesia, debemos tratarlos como tales. Eso trae gozo y alegría a sus corazones. Estas son algunas de las formas en que este gozo se manifiesta en los pastores:

- Que todos los miembros de la iglesia den evidencia de que realmente han venido a Cristo en arrepentimiento y fe (Mat. 7:21-23; 1 Tes. 2:19-20).
- Ver a los creyentes andando en obediencia (3 Jn. 3-4; 1 Tes. 3:6-9).
- Ver a los hermanos cultivando y preservando la paz en la iglesia (Fil. 2:1-2).
- Saber que están ayudándolo en oración (Rom. 15:30; Ef. 6:19-20).
- Ver manifestaciones tangibles de amor y aprecio por su labor (2 Cor. 7:5-7; 1 Tes. 5:12,13).
- Que los miembros de la iglesia les den el beneficio de la duda en las decisiones que toman (1 Cor. 13:7), en vez de presuponer de antemano que tienen malas intenciones.
- Que cuiden de ellos física y económicamente cuando sea necesario (1 Tim. 5:17-18; Gál. 6:6).
- Que protejan su reputación y se nieguen a escuchar rumores contra ellos (1 Tim. 5:19).
- Que los miembros pongan sus dones en operación para beneficio de todo el cuerpo (Ef. 4:11-12).

La iglesia es un cuerpo en el cual los pastores y los miembros trabajan en equipo para la gloria de Dios y la expansión de Su reino. Algunos están en el equipo como líderes, otros como seguidores. Pero tanto los unos como los otros sirven al mismo Señor y persiguen la misma meta.

Los pastores deben velar por el rebaño, instruyéndolos fielmente con la Palabra de Dios. Los miembros de la iglesia deben tener en alta estima y amor a sus pastores, manteniendo en todo momento un espíritu enseñable y cooperador.

En conclusión, Cristo ha dado pastores a Su iglesia porque necesitamos ser pastoreados. La imagen de la iglesia que encontramos en el Nuevo Testamento es la de un rebaño de ovejas compradas por la sangre de Cristo, congregadas en un redil, bajo el cuidado de sus propios pastores. Cada creyente debe ser parte de un rebaño específico, guiado por pastores específicos. No podemos crecer en gracia deambulando de un rebaño a otro, ni como meros consumidores de sermones de distintas congregaciones.

Es una calamidad que las ovejas no tengan pastores que velen por sus almas y las instruyan con la Palabra de Dios. Eso fue lo que movió a compasión el corazón de Cristo. En cierta ocasión, el Señor vio a las multitudes «que estaban angustiadas y abatidas como ovejas que no tienen pastor». Por eso instruye a Sus discípulos que rueguen «al Señor de la mies que envíe obreros a su mies» (Mat. 9:36,38). Las iglesias necesitan esos obreros fieles. Tú los necesitas.

Ellos no son los que hacen todo el trabajo en la iglesia. Pero sí cuidan al rebaño mientras equipan a los santos, para que ellos hagan la obra del ministerio (Ef. 4:11-12). Pero ese es el tema del siguiente capítulo.

7

Unidad, diversidad
y crecimiento

Efesios 4:1-16

En los primeros tres capítulos de la carta a los Efesios, Pablo nos presenta a la iglesia como un grupo de creyentes que están unidos a Cristo por la fe, y que por esa razón están unidos unos a otros. Dios ha creado en Cristo un nuevo pueblo, una nueva humanidad, una nueva familia y un nuevo templo espiritual (Ef. 2:11-21). Este es un hecho. Algo que ya sucedió y que nadie puede cambiar.

Pero a partir del capítulo 4, Pablo nos muestra en la carta que esa unidad es además una meta que todos los creyentes debemos perseguir de manera intencional. Lo mismo ocurre también en el matrimonio. A través del vínculo matrimonial un hombre y una mujer vienen a ser una sola carne. Pero después deben trabajar juntos para preservar y fortalecer esa unidad. De igual manera, los creyentes somos uno en Cristo, pero debemos aprender a vivir a la luz de esa realidad. Y eso es precisamente lo que Pablo nos muestra a continuación en los primeros 16 versículos del capítulo 4.

La unidad de la Iglesia

«Yo pues, preso en el Señor, os ruego que andéis como es digno de la vocación con que fuisteis llamados, con toda humildad y mansedumbre, soportándoos con paciencia los unos a los otros en amor, solícitos en guardar la unidad del Espíritu en el vínculo de la paz». (Ef. 4:1-3)

Esta es una exhortación a ser coherentes con las doctrinas que Pablo ha venido explicando en los primeros tres capítulos de esta carta. Piensa en esto por un momento. Pablo declara en Efesios 2:1-3 que todos nosotros merecíamos la justa ira de Dios por causa de nuestros pecados. Además estábamos muertos espiritualmente, y éramos absolutamente impotentes para salvarnos a nosotros mismos. Pero Dios nos escogió desde antes de la fundación del mundo, por el puro afecto de Su voluntad. No por ninguna cosa meritoria que haya en nosotros o que haya sido hecha por nosotros, sino por Su misericordia.

¿Cómo debería ser la relación de un grupo de personas que realmente cree eso? Déjame ponerlo de otra forma. Si tu dices ser cristiano, estás proclamando a todo el mundo que no mereces nada, que no tienes derecho a reclamar nada, que no hay ninguna cosa en ti de la que puedas gloriarte con justicia. De manera que, si Dios decidió salvarte, es porque Él decidió salvarte; es porque te amó con un amor incondicional desde antes de la fundación del mundo. En Romanos 9:15, Pablo cita las palabras de Dios a Moisés en Éxodo 33:19: «Tendré misericordia del que yo tenga misericordia, y me compadeceré del que yo me compadezca».

En esta misma carta a los Efesios, Pablo nos señala que la salvación es un regalo que Dios nos ofrece de pura gracia, «no por obras, para que nadie se gloríe». No puede haber jactancia en la salvación, porque es Dios el que salva de principio a fin. Y yo pregunto de nuevo, ¿cómo debiera ser la relación de un grupo de personas que de verdad cree esto? En teoría, no debería ser difícil para nosotros preservar "la unidad del Espíritu en el vínculo de la paz", ya que sabemos que no tenemos nada que proteger.

El problema es que el pecado todavía mora en nosotros y nos lleva a ser incoherentes con lo que decimos creer. De aquí que la esencia del pecado es el orgullo y el egoísmo. Y es de esa fuente corrompida que surgen los problemas personales en la iglesia. Estos pecados nos llevan a creer que merecemos aquello que según nuestra declaración doctrinal no merecemos. Hay una incoherencia entre nuestra confesión de fe y nuestra vida cristiana práctica. Por tal razón, debemos pedir al Señor en oración que nos ayude a seguir estrechando la brecha que existe entre lo que decimos creer, y lo que creemos realmente.

Un hombre humilde no va por la vida reclamando que los demás lo traten de cierto modo, porque él posee una correcta evaluación de sí mismo. Él puede soportar a los demás en amor, con toda humildad, mansedumbre y paciencia, como indica Pablo en Efesios 4:2. Este hombre sabe que merece el infierno y que Dios ha sido sorprendentemente paciente y bondadoso con él. Por eso puede ser paciente, manso y humilde con los demás.

La unidad de la iglesia es promovida cuando la doctrina correcta nos lleva a vivir y a sentir de la forma correcta. Es por eso que los primeros tres capítulos de la carta a los Efesios son eminentemente doctrinales, mientras que los últimos tres son eminentemente prácticos. Y es que una cosa se deriva de la otra.

Debemos entender quiénes somos y lo que Dios ha hecho por nosotros, y vivir en consecuencia. Y uno de los resultados será la unidad práctica de la iglesia. Es por eso que la exhortación de Pablo a preservar la unidad no va dirigida a los líderes, sino a los miembros. No son los pastores los que tienen la responsabilidad final de proteger la unidad del cuerpo de Cristo. Esa es una responsabilidad de todos y cada uno de los miembros que componen la iglesia. Somos un cuerpo, expresa Pablo en los versículos 4 al 6, unidos unos a otros por aquellas cosas que tenemos en común y que sobrepasan por mucho las diferencias que pudieran dividirnos.

> «Un cuerpo, y un Espíritu, como fuisteis también llamados en una misma esperanza de vuestra vocación; un Señor, una fe, un bautismo, un Dios y Padre de todos, el cual es sobre todos, y por todos, y en todos». (vv. 4-6, RVR1960)

Todas las distinciones humanas son temporales. En el cielo nadie será visto como rico o pobre, negro o blanco, dominicano, cubano o español. Por lo tanto, estas diferencias no pueden separar a los verdaderos cristianos de este lado de la eternidad.

Pero esta no es toda la historia. Pablo también nos enseña en este pasaje que la unidad de la iglesia se produce en el contexto de una diversidad de dones.

La diversidad de la Iglesia

> «Pero a cada uno de nosotros fue dada la gracia conforme a la medida del don de Cristo». (v. 7, RVR1960)

Lo que Pablo está diciendo aquí es que cada miembro del cuerpo funciona de manera diferente, según la gracia o el don que cada uno ha recibido de parte del Señor. El Espíritu ha repartido una medida de gracia a cada uno de nosotros en particular, para que podamos servir en un cuerpo local de creyentes con los dones que Él nos ha dado. El ojo no puede pretender convertirse en nariz, porque no fue diseñado para respirar sino para ver. De la misma manera, cada creyente debe aceptar con gozo el lugar y la función asignados por Cristo para servir en la iglesia. Esos dones, expresa Pablo, son regalos que el Cristo exaltado concede a Su iglesia, como vimos en el capítulo anterior.

«Por lo cual dice: Subiendo a lo alto, llevó cautiva la cautividad, Y dio dones a los hombres». (v. 8, RVR1960)

Pablo está citando aquí el Salmo 68:18, donde se habla de la victoria de Jehová sobre Sus enemigos. Cuando un pueblo vencía a otro, el capitán del ejército solía entrar en la ciudad en medio de una procesión triunfal, llevando consigo a todos los enemigos que habían sido tomados cautivos. Y entonces el capitán victorioso repartía el botín entre los suyos.

Esa es la figura que Pablo está usando aquí, aplicándola al Señor Jesucristo. Él es ese Guerrero poderoso que en la cruz del Calvario tuvo una victoria aplastante sobre las huestes del mal. Él ascendió a los cielos y subió a lo alto. No como un capitán derrotado, sino como un glorioso Salvador. Y por medio de Su muerte compró una gloriosa salvación para un sinnúmero de almas que antes eran cautivas de Satanás, pero que ahora le pertenecen a Él.

Cristo llevó cautiva una multitud de cautivos, y de ellos tomó el botín y lo repartió con los Suyos. ¿Cuál era este botín? Los dones que Él ha repartido para la edificación de Su pueblo. Los enemigos de guerra fueron transformados en siervos voluntarios y gozosos del Mesías, que ahora le sirven a Él, sirviendo a Su pueblo.

Pablo menciona además de manera particular a aquellos que tienen que ver con la enseñanza y la predicación de la Palabra.

«Y él mismo constituyó a unos, apóstoles; a otros, profetas; a otros, evangelistas; a otros, pastores y maestros». (v. 11, RVR1960)

De todos esos cautivos que Cristo libertó y a quienes hizo Sus siervos, Él tomó a algunos y se los dio a la Iglesia. A unos como apóstoles, a otros como profetas, a otros como evangelistas y a otros como pastores y maestros.

El grupo de los apóstoles es el que recibió la encomienda de revelar a la Iglesia la voluntad permanente de Cristo. Luego están los profetas, que traían revelaciones espontáneas del Espíritu Santo. Pero esto, solo cuando el Nuevo Testamento no estaba completo aún y los creyentes no tenían acceso a toda la revelación apostólica (1 Cor. 14:29-30).

Estos dos oficios, apóstoles y profetas, ya no tienen vigencia en la iglesia porque hoy contamos con toda la Escritura. Pablo enseña en Efesios 2:19-20 que los apóstoles y profetas fueron los que pusieron el fundamento de la Iglesia. Y todos sabemos que el fundamento de cualquier edificación se echa una sola vez y para siempre.

Después están los evangelistas. Esto se refiere probablemente a aquellos que poseían un don especial para compartir con otros las buenas nuevas de salvación. Todos los creyentes deben estar preparados para anunciar el evangelio (1 Ped. 3:15). Esta es una responsabilidad de todos en la iglesia, pero algunos tienen un don especial para hacerlo.

Por último, están los pastores y maestros cuyo ministerio es establecerse en una iglesia local para apacentar la grey de Dios, primariamente a través de la enseñanza de la Palabra. Ellos pastorean y enseñan; o para decirlo de otra manera, ellos pastorean enseñando y enseñan pastoreando. Su labor es pastorear eficazmente la grey de Dios, enseñándoles con fidelidad la Palabra de Dios. Pero ahora, nota con cuidado cuál es el propósito de este ministerio de enseñanza pastoral en la iglesia.

«A fin de capacitar a los santos para la obra del ministerio, para la edificación del cuerpo de Cristo». (v. 12)

La palabra «capacitar» puede ser traducida también como «restaurar». Es la misma palabra que aparece en Marcos 1:19 donde señala que Jacobo y Juan estaban «remendando» sus redes en la barca. Ellos debían restaurar las redes, agujereadas por el uso, para que pudieran ser más efectivas en la labor de atrapar los peces. Y eso es precisamente lo que los pastores estamos llamados a hacer: enseñar a los creyentes la Palabra de Dios que fue revelada a través de los apóstoles. De esa manera equipamos a los hermanos para que sean más efectivos sirviendo a los demás en la iglesia, conforme a los dones que Dios ha dado a cada uno. Esto es exactamente lo mismo que nos enseña Pedro en el capítulo 4 de su primera carta:

«Cada uno según el don que ha recibido, minístrelo a los otros, como buenos administradores de la multiforme gracia de Dios». (1 Ped. 4:10)

Dios no diseñó la iglesia para que los pastores hagan todo el trabajo, sino para que equipen a los creyentes, de manera que todos juntos hagan la obra del ministerio. Cuando la iglesia no funciona de acuerdo con el diseño de Dios, el cuerpo no puede desarrollarse y crecer. Ese es el tema que Pablo continúa tratando en los versículos 13 al 16.

El crecimiento de la iglesia

¿Cuál es la meta que todos debemos perseguir como iglesia? Madurar espiritualmente para ser cada vez más semejantes a nuestro Señor Jesucristo:

> «Hasta que todos lleguemos a la unidad de la fe y del conocimiento pleno del Hijo de Dios, a la condición de un hombre maduro, a la medida de la estatura de la plenitud de Cristo; para que ya no seamos niños, sacudidos por las olas y llevados de aquí para allá por todo viento de doctrina, por la astucia de los hombres, por las artimañas engañosas del error». (vv. 13-14)

En Romanos 8:29, Pablo nos enseña que los creyentes fuimos predestinados por Dios para ser hechos conformes a la imagen de Su Hijo. El objetivo de la salvación es que Dios sea glorificado en la medida en que somos transformados a la semejanza de Jesús.

La meta no es que lleguemos a ser una iglesia con una cantidad específica de miembros, o que podamos llevar a cabo conferencias multitudinarias. Tampoco es que podamos tener una compleja estructura eclesiástica que mantenga a todos súper ocupados. Nuestra meta es que todos juntos podamos seguir creciendo a la imagen de Cristo.

> «Sino que hablando la verdad en amor, crezcamos en todos los aspectos en aquel que es la cabeza, es decir, Cristo, de quien todo el cuerpo (estando bien ajustado y unido por la cohesión que las coyunturas proveen), conforme al funcionamiento adecuado de cada miembro, produce el crecimiento del cuerpo para su propia edificación en amor». (vv. 15-16)

Pablo vuelve de nuevo a la figura del cuerpo humano para instruirnos en cuanto al crecimiento de la Iglesia. La Iglesia es un organismo vivo en el que cada uno de sus miembros contribuye al crecimiento del resto. Y esto se logra al recibir y trasmitir a otros la vida que recibe de Cristo, quien es la Cabeza del cuerpo. En otras palabras, hay algo que Cristo hace en cada uno de nosotros, y hay algo que nosotros debemos hacer por el bien de los demás a la luz de eso que Cristo está haciendo en nosotros. Pablo expresa aquí que todo el cuerpo recibe su crecimiento de Cristo. Es por causa de nuestra unión con Él que podemos crecer espiritualmente. Esa es la enseñanza de Jesús en Juan 15: Él es la Vid, nosotros somos los pámpanos. Para poder producir frutos, debemos mantenernos apegados a la Vid. Todo depende de nuestra comunión e intimidad con Cristo. Pero, por otro lado, Pablo nos indica también que el cuerpo crece como un todo, cuando cada miembro transmite a los demás lo que recibe de Cristo.

«De quien todo el cuerpo (estando bien ajustado y unido por la cohesión que las coyunturas proveen), conforme al funcionamiento adecuado de cada miembro, produce el crecimiento del cuerpo para su propia edificación en amor». (v. 16)

La palabra que se traduce como «coyuntura» significa literalmente «punto de contacto». La coyuntura es ese punto de conexión donde dos piezas se tocan. En este caso, la coyuntura funciona como un canal a través del cual la provisión que viene de Cristo como Cabeza se traspasa a los demás miembros del cuerpo.

Cada miembro es colocado por Cristo en un lugar específico para realizar funciones específicas bajo el liderazgo de los pastores que Él ha provisto, mencionados en el versículo 11. A través de esos pastores maestros, Cristo provee el alimento de Su Palabra, equipando así a los creyentes para que funcionen en el lugar que Cristo los colocó, y conforme a los dones que Cristo les dio. En la medida en que cada miembro comunica a los demás lo que recibe de Cristo, según la actividad propia de cada miembro, la iglesia crece y madura.

Si un miembro no está creciendo espiritualmente, o se aísla de los demás, afectará la salud del cuerpo. Lo mismo sucede cuando rehusamos poner nuestros dones en operación o deseamos hacer la labor que le corresponde a otros miembros. De ahí que solo es posible que una iglesia avance hacia la madurez en un contexto de unidad y de amor, bajo un liderazgo bíblicamente establecido.

Eso implica varias cosas de extrema importancia para el crecimiento de cualquier iglesia local. Por un lado, quiere decir que no somos consumidores pasivos, asistiendo a las reuniones de la iglesia únicamente para ser instruidos por los pastores. De acuerdo al Nuevo Testamento, eres un ministro que vas a la iglesia a ser equipado para ministrar mejor a otros con el evangelio.

«Mantengamos firme la profesión de nuestra esperanza sin vacilar, porque fiel es el que prometió; y consideremos cómo estimularnos unos a otros al amor y a las buenas obras, no dejando de congregarnos, como algunos tienen por costumbre, sino exhortándonos unos a otros, y mucho más al ver que el día se acerca». (Heb. 10:23-25)

Alguien decía muy sabiamente que «el sermón del domingo en la mañana no es la meta final del ministerio de la Palabra, sino la línea de arranque. Ese es en realidad el comienzo de la obra, cuando tu congregación toma la Palabra de Dios y la pone a funcionar a través de la semana».[1]

---

1. Dever, Mark y Dunlop, Jamie, *The Compelling Community*, (Wheaton: Crossway, 2015), 90-91.

Otra persona decía que el ministerio de la Palabra comienza en el púlpito. Pero luego debe continuar a través de la vida de la iglesia, mientras el eco de la Palabra rebota de un miembro a otro. En la iglesia, los corazones de los miembros absorben y proyectan la Palabra, para que pueda llegar a ser eficaz.[2] Esto quiere decir que los predicadores debemos provocar una reacción en cadena cada domingo. Una buena predicación no solo te ayuda a entender la enseñanza de un pasaje en particular. Te ayuda también a seguir estudiando la Biblia por ti mismo para que puedas ser un buen ministro de Jesucristo el resto de la semana. Eso implica además, que la labor de la mayoría de los miembros probablemente no se va a llevar a cabo de manera formal y dentro de una estructura eclesiástica. Más bien, sucederá informalmente por medio de las relaciones que vamos forjando con otros creyentes.

No sé cuántas veces he escuchado a algunos miembros de la iglesia que pastoreo decir que no saben cómo servir en el cuerpo. Sospecho que lo que muchos quieren decir es que no tienen una idea clara del ministerio formal al que deben pertenecer, o cómo pueden participar en alguno de ellos. Pero en toda iglesia de Cristo hay mucha necesidad: incrédulos que evangelizar, creyentes que discipular, otros necesitados de consejo, aliento o represión (Rom. 15:14; 1 Tes. 5:14). Hay muchas maneras de servir en el cuerpo que no requieren participar en un ministerio formal de la iglesia. Eso significa también que tu crecimiento en gracia no solo te beneficia a ti, sino que debe beneficiar a todo el cuerpo. Esa es la imagen que Pablo nos presenta en los versículos 15 al 16. ¿Alguna vez has considerado que tu lectura diaria de la Palabra es importante para el crecimiento de tu iglesia? Cuando lees la Biblia, no la estás leyendo únicamente para ti, sino también para poder ministrarla mejor a otros.

---

2. Ibíd.; pág. 96.

Es posible que te sientas sumamente débil y extremadamente pequeño, y pienses que no es mucho lo que puedes hacer para el Señor. Pero si eres un verdadero cristiano, es la voluntad de Cristo que seas miembro de una iglesia local donde tú serás ministrado y podrás ministrar a otros.

La vida cristiana no se diseñó para el llanero solitario. Si hay algo que el Nuevo Testamento nos enseña claramente, es que la santificación del creyente es un proyecto de comunidad. Es hablando la verdad en amor, unos con otros, que el cuerpo crece y madura. Y lo que Pablo nos enseña aquí es que el Señor capacita a cada uno de los Suyos, para que podamos servirle a Él, sirviendo a otros.

Espero de todo corazón que el Espíritu Santo aplique esta palabra con poder en cada lector. Que podamos examinarnos objetivamente a la luz de estas verdades tan trascendentales, arrepentirnos de nuestras faltas y corregir lo deficiente. Así, Cristo nuestro Señor seguirá siendo glorificado en nuestras iglesias locales, mientras crecemos todos juntos para ser cada vez más semejantes a Él.

8

Amor y disciplina en la iglesia

«Y si tu hermano peca, ve y repréndelo a solas; si te
escucha, has ganado a tu hermano. Pero si no te escucha, lleva contigo a uno o a dos más, para que toda
palabra sea confirmada por boca de dos o tres testigos. Y si rehúsa escucharlos, dilo a la iglesia; y si también rehúsa escuchar a la iglesia, sea para ti como el
gentil y el recaudador de impuestos. En verdad os digo:
todo lo que atéis en la tierra, será atado en el cielo; y
todo lo que desatéis en la tierra, será desatado en el
cielo. Además os digo, que si dos de vosotros se ponen
de acuerdo sobre cualquier cosa que pidan aquí en la
tierra, les será hecho por mi Padre que está en los
cielos. Porque donde están dos o tres reunidos en mi
nombre, allí estoy yo en medio de ellos».

Mateo 18:15-20

Hay dos textos en los Evangelios en los que el Señor Jesucristo ins-
truyó a Sus discípulos acerca de la iglesia. El primero se encuentra
en Mateo 16:18. Allí, a partir de la declaración de Pedro, confesando
que Jesús es el Cristo, el Hijo del Dios, el Señor promete que Él habría
de edificar Su iglesia. Y es obvio que Jesús se está refiriendo aquí a Su
Iglesia universal, es decir al conjunto de todos los creyentes en Cristo a

EL CUERPO DE CRISTO

través de la historia y en todo lugar del planeta. Esa Iglesia está formada por todos aquellos que, al igual que Pedro, confiesan a Jesús como el Cristo, el Mesías prometido en el Antiguo Testamento. El otro pasaje es Mateo 18:15-20. Allí el Señor nos habla de Su iglesia como una comunidad específica de personas, que se han comprometido a cuidarse unas a otras y a dejarse cuidar. Ambos pasajes, Mateo 16:18 y 18:15-20, se refieren a la Iglesia universal y a la iglesia local respectivamente. Como hemos visto ya, todo aquel que afirma pertenecer a la Iglesia universal, debe demostrarlo al venir a formar parte de una iglesia local. Será allí donde se compromete a velar por la vida espiritual de los demás creyentes que forman parte de ese cuerpo, mientras ellos velan por él, aplicando la disciplina en la iglesia si fuera necesario. Esa es la enseñanza de Jesús en el pasaje de Mateo 18 que vamos a considerar a continuación.

Ahora bien, cuando escuchamos la palabra «disciplina», la imagen que viene a la mente de muchos, es una de abuso de autoridad, rudeza, falta de respeto a la privacidad, santurronería, hipercriticismo o legalismo. Pero es obvio que Jesús no lo veía de esa manera. En Mateo 18, Jesús nos habla de la disciplina eclesiástica como un elemento indispensable de toda iglesia local y como una manifestación de amor.

Aunque muchos presuponen que el amor y la disciplina son como el agua y el aceite, que no pueden mezclarse entre sí, la Biblia más bien presupone que donde hay amor habrá disciplina. Una no puede existir sin la otra. Por ejemplo, en Proverbios 13:24 enseña que el padre que no disciplina a su hijo, en un sentido real lo está aborreciendo, mas «el que lo ama lo disciplina con diligencia». No el que lo maltrata y abusa de él, sino el que lo disciplina, incluyendo un uso mesurado de la corrección física cuando fuere necesario. Es parte del amor de los padres disciplinar a sus hijos. Y el máximo ejemplo de ese principio es Dios mismo. No debemos menospreciar la disciplina del Señor, leemos en Hebreos 12:5, «porque el Señor al que ama disciplina, y azota a todo el que recibe por hijo».

Cuando somos disciplinados por Dios, Él nos está tratando como hijos, señala el autor de la carta a los Hebreos, «porque ¿qué hijo hay a quien su padre no discipline? Pero si estáis sin disciplina, de la cual todos han sido hechos participantes, entonces sois hijos ilegítimos y no hijos verdaderos» (Heb. 12:7-8).

La disciplina y el amor van de la mano. Una al lado de la otra, tanto en nuestra relación con Dios, si somos Sus hijos, como en la familia y en la iglesia. Y hay al menos cinco elementos en este pasaje, relacionados con la disciplina, que nos ayudan a entender mejor la naturaleza y función de la iglesia.

La relación filial que hace obligatoria la disciplina

«Y si tu hermano peca, ve y repréndelo a solas; si te escucha, has ganado a tu hermano». (Mat. 18:15)

La RVR1960 declara: «Si tu hermano peca contra ti». Por el contexto esta parece ser la lectura correcta ya que, inmediatamente después, en el versículo 21, el apóstol Pedro le pregunta al Señor: «¿Y cuántas veces tengo que perdonar al hermano que peca contra mí?».

Ahora, esta distinción no tiene tanta importancia, porque la Biblia habla en otros lugares del deber que tenemos de amonestar a un hermano que ha pecado, aunque no haya sido contra mí personalmente. Pablo expresa en Gálatas 6:1 que, si alguno fuere sorprendido en alguna falta «vosotros que sois espirituales, restauradlo en un espíritu de mansedumbre, mirándote a ti mismo, no sea que tú también seas tentado». Tenemos el deber de amonestarnos y corregirnos unos a otros, aunque el pecado de la otra persona no nos afecte a nivel personal. Y esto, por la sencilla razón de que, quien ha pecado, es nuestro hermano. La relación filial que tenemos en Cristo no permite que actuemos con indiferencia cuando vemos a uno de los nuestros coqueteando con el pecado y poniendo en peligro su salud espiritual. Observa el contexto inmediato de este pasaje:

«¿Qué os parece? Si un hombre tiene cien ovejas y una de ellas se ha descarriado, ¿no deja las noventa y nueve en los montes, y va en busca de la descarriada? Y si sucede que la halla, en verdad os digo que se regocija más por ésta que por las noventa y nueve que no se han descarriado. Así, no es la voluntad de vuestro Padre que está en los cielos que se pierda uno de estos pequeñitos». (Mat. 18:12-14)

Cada oveja de Cristo es infinitamente valiosa a los ojos de Dios, porque el Señor dio Su vida por cada una de ellas. Si algún miembro de la iglesia está tratando su pecado con ligereza, los demás deben tratar de hacerle ver el peligro en que está. Esto es necesario porque esa ligereza y falta de arrepentimiento pueden indicar que esa persona en realidad no conoce al Señor, aunque sea miembro de la iglesia.

«Y si tu mano o tu pie te es ocasión de pecar, córtatelo y échalo de ti; te es mejor entrar en la vida manco o cojo, que teniendo dos manos y dos pies, ser echado en el fuego eterno. Y si tu ojo te es ocasión de pecar, arráncatelo y échalo de ti. Te es mejor entrar en la vida con un solo ojo, que teniendo dos ojos, ser echado en el infierno de fuego». (Mateo 18:8-9)

El punto principal no es si el pecado que se está cometiendo es contra ti, sino que quien lo está cometiendo es tu hermano. Esa persona es un miembro de la iglesia y, por lo tanto, hasta que se demuestre lo contrario, debemos tratarlo como alguien que pertenece a la familia de la fe. Él es uno de esos pequeñitos por los que Cristo derramó Su sangre en la cruz.

Supongamos que Juan y María tienen cinco hijos, y todos los días, puntualmente, se reúnen para la cena a las siete de la tarde. Pero un día falta Alejandro, y ninguno de los miembros de la familia sabe dónde está. Pasan los días y Alejandro sigue desaparecido. ¿Cómo se supone que deben reaccionar los integrantes de esa familia? No me imagino a ninguno de los padres pensando: «No hay que preocuparse demasiado, porque todavía nos quedan cuatro hijos más».

Ninguna persona en su sano juicio reacciona de esa manera. Si un hombre pierde una oveja, de un rebaño de cien, ¿acaso no deja las 99 para salir a buscar la oveja perdida? ¿Cuánto más cuando se trata de un miembro de la familia? Y nota que no es al pastor de la iglesia a quien Jesús está asignando la responsabilidad de buscar la oveja descarriada. El pastor está llamado a hacer eso si es un buen pastor. Pero Jesús espera que todos los miembros de la iglesia se involucren en esta tarea.

«Si tu hermano ha pecado», declara el Señor, «sal a buscarlo». Somos miembros de la misma familia y, por lo tanto, no podemos permanecer indiferentes cuando uno de los nuestros está en peligro. Como lo expresa el comentarista William Hendriksen: «Todo seguidor del Señor debiera dedicarse a hallar la oveja que se ha descarriado a fin de llevarla de regreso al redil».[1]

---

1. Hendriksen, William, *El evangelio según San Mateo*, (Grand Rapids: Libros Desafío, 2016), 731.

EL CUERPO DE CRISTO

El proceso de la disciplina

Esa búsqueda del hermano que ha pecado usualmente debe llevarse a cabo a través de un proceso. En primer lugar, repréndelo a solas, instruye el Señor en el versículo 15. En otras palabras, muéstrale en privado lo que ha hecho mal. Y al hacerlo, no olvidemos el texto de Gálatas que citamos hace un momento:

«Vosotros que sois espirituales, restauradlo en un espíritu de mansedumbre, mirándote a ti mismo, no sea que tú también seas tentado». (Gál. 6:1)

Se requiere de mansedumbre y de humildad, «considerándote a ti mismo», para llevar a cabo esta labor de rescate. No vayas como un juez a condenar al hermano, sino como alguien que lo ama y quiere hacerlo recapacitar. Es lo mismo que Pablo nos indica en Romanos 15:14:

«En cuanto a vosotros, hermanos míos, yo mismo estoy también convencido de que vosotros estáis llenos de bondad, llenos de todo conocimiento y capaces también de amonestaros los unos a los otros».

Debemos hacerlo con bondad, deseando sinceramente el bienestar espiritual de nuestro hermano.

Ahora bien, si el hermano no escucha tu represión, «lleva contigo a uno o a dos más, para que toda palabra sea confirmada por boca de dos o tres testigos», declara el Señor en el versículo 16.

Esta es una medida sumamente sabia. Por dos razones. La primera es que estos testigos pueden ayudarnos a determinar si en verdad estamos ante un caso que amerita una represión. Es posible que no se trate de un pecado, sino de una simple diferencia de criterio. Pero si en verdad hubo un pecado, el que ahora vengan dos o tres a tratar con este hermano en amor, puede ser usado por Dios para hacerle ver su condición y ser movido al arrepentimiento. Pero si no reacciona apropiadamente a este llamado, entonces habrá más de un testigo de la situación cuando tengamos que aplicar el siguiente paso.

«Y si rehúsa escucharlos, dilo a la iglesia; y si también rehúsa escuchar a la iglesia, sea para ti como el gentil y el recaudador de impuestos». (Mat. 18:17)

El propósito de esta amonestación pública es mover a la iglesia a actuar como una familia para tratar de rescatar al hermano. Luego de haber hecho un esfuerzo privado, ahora estamos involucrando a toda la congregación para dar la oportunidad de que varios puedan hablar con esta persona. «Si también rehúsa escuchar a la iglesia, sea para ti como el gentil y el recaudador de impuestos». Jesús está presuponiendo que esta iglesia tiene la capacidad de escuchar un reporte, así como de participar en la amonestación de un hermano que ha pecado.

Es evidente que en este pasaje el Señor no se está refiriendo a Su Iglesia universal, sino a un grupo particular de creyentes que pueden participar en cada una de estas etapas. Y ¿cuál es el propósito de llevar a cabo este proceso? ¿Qué es lo que se quiere lograr?

El propósito de la disciplina

Ganar al hermano

«Y si tu hermano peca, ve y repréndelo a solas; si te escucha, has ganado a tu hermano». (Mat. 18:15)

El propósito más evidente es ganar de vuelta al hermano. Aunque el pecado cometido haya sido contra ti, el propósito no es que salgas vindicado cuando el otro reconozca que hizo mal. El anhelo de tu corazón debe ser el mismo que hay en el corazón de tu Padre que está en los cielos: que no se pierda ninguno de esos pequeñitos por los que Cristo murió. De ahí el lenguaje que usa el Señor: «Has ganado a tu hermano». Vas a ser un instrumento en las manos de Dios para rescatar de su extravío a un miembro de la familia de la fe.

Aquel que persiste en su pecado se está perdiendo, desperdiciando su vida y encaminándola a la miseria. Pero nosotros no queremos que eso suceda con ninguno de nuestros hermanos. Cuando Pablo escribe su segunda carta a los corintios, que al igual que la primera contiene varias exhortaciones y reprensiones, escucha cuál es el propósito que tenía en mente:

> «No es que queramos tener control de vuestra fe, sino que somos colaboradores con vosotros para vuestro gozo; porque en la fe permanecéis firmes». (2 Cor. 1:24)

Eso es lo que hacemos los pastores cuando predicamos la Palabra desde el púlpito y tratamos de mover a los creyentes a la obediencia. No es que queramos enseñorearnos de la congregación, sino que estamos *colaborando con ustedes para vuestro gozo*. Es en la obediencia a la Palabra de Dios que podemos experimentar una vida plena y deleitosa. Y lo mismo podemos decir de cualquier creyente que se involucra en amonestar a otro que está tratando con ligereza su pecado. Queremos ganarte, no que te pierdas. Recuerda eso la próxima vez que un hermano de la iglesia se acerque a ti para mostrarte alguna falta. Y si no lo hace con ternura, aún pregúntate si tiene razón en lo que te está señalando.

Proteger los límites del reino de Dios

Otro de los propósitos de la disciplina es proteger los límites del reino de Dios.

«Y si rehúsa escucharlos, dilo a la iglesia; y si también rehúsa escuchar a la iglesia, sea para ti como el gentil y el recaudador de impuestos». (Mat. 18:17)

Para entender lo que el Señor está diciendo aquí, debemos ir de nuevo al contexto del pasaje. En Mateo 18 el Señor Jesucristo comienza estableciendo quiénes son los que pertenecen al reino de Dios:

«En aquel momento se acercaron los discípulos a Jesús, diciendo: ¿Quién es, entonces, el mayor en el reino de los cielos? Y Él, llamando a un niño, lo puso en medio de ellos, y dijo: En verdad os digo que si no os convertís y os hacéis como niños, no entraréis en el reino de los cielos. Así pues, cualquiera que se humille como este niño, ése es el mayor en el reino de los cielos». (Mat. 18:1-4)

Para la mayoría de los judíos del primer siglo, los límites del reino de Dios estaban realmente claros. Todos los israelitas que hacían su mejor esfuerzo para obedecer la ley de Dios estaban dentro, y el resto estaba fuera. Pero ahora Cristo quiere hacerles ver a Sus discípulos que la pertenencia al reino no era un asunto de raza ni nacionalidad, sino del corazón. «Si no os convertís y os hacéis como niños», sin importar la nación a la que pertenezcan, «no entraréis en el reino de los cielos». «Así pues, cualquiera que se humille como este niño...».

¿Qué niño? El que se menciona en el versículo 2. Jesús lo llamó, y de inmediato se puso en medio de todos.

Lo que el Señor está tratando de enseñarnos aquí no es que todos los niños son salvos, ni que somos salvos por obedecer lo que Él ordena, como hizo este niño. Sino mas bien, que el verdadero creyente es aquel que viene humillado a los pies del Señor Jesucristo, reconociendo su indignidad y su pecado, y renunciando a su autonomía.

El verdadero creyente es aquel que no solo profesa ser de Cristo, sino que muestra la realidad de su profesión de fe a través de su obediencia a Señor, no de manera perfecta, pero sí sincera. Esos son los que pertenecen al reino de los cielos (Mat. 7:21-23; Juan 14:15-24).

¿Qué debe hacer la iglesia, entonces, con un individuo que proclama ser cristiano, pero rehúsa arrepentirse de su vida pecaminosa? ¿Qué si luego de haber sido confrontado en privado, y después por dos o tres, y luego por toda la iglesia, decide no arrepentirse? En tal caso, la iglesia no puede seguir reconociendo la veracidad de su profesión de fe.

Eso es lo que significa: «tenle por gentil y publicano», como expresa la RVR1960. El gentil era el extranjero, el que no pertenecía al pueblo de Dios en el antiguo pacto. Y el publicano era uno que, siendo judío, era considerado como un traidor. Alguien que cobraba impuestos a los otros judíos para dárselos al imperio opresor de Roma, y de paso enriquecerse, traicionando a su propia gente. En la mente de un judío, ni el gentil ni el publicano estaban dentro de los límites del reino de Dios. Y lo que el Señor está diciendo en este pasaje es que así deben considerarse aquellos miembros de la iglesia que rehúsan someterse a Su autoridad. Al no querer escuchar la amonestación de la iglesia, deben ser considerados como personas que han traicionado el evangelio que afirman creer. Todo el que así actúa es un traidor del evangelio.

¿Sabes lo que eso significa? Que, al aceptar a un individuo dentro de la iglesia local, estamos reconociéndolo públicamente como un ciudadano del reino de los cielos. Por eso alguien ha comparado a las iglesias locales con embajadas del reino de Cristo que expiden el pasaporte que nos acredita como ciudadanos. La membresía de la iglesia es ese pasaporte. Excluir de la membresía a un miembro impenitente implica dejar de reconocer públicamente su ciudadanía celestial. Es como retirarle el pasaporte. De esa manera estamos protegiendo los límites del reino, para que el mundo no confunda a los que están adentro con los que están afuera.

Recuerda lo que vimos en cuanto al oficio de Adán en el huerto del Edén. Él tenía la responsabilidad de extender y proteger el huerto. En otras palabras, él tenía que trazar límites bien claros entre lo que pertenecía a ese huerto y lo que no pertenecía. Adán debía dejar afuera a la serpiente, como responsable del cuidado del huerto. Y esa es precisamente la responsabilidad que tenemos nosotros como miembros de la iglesia. La iglesia es la ayuda idónea del segundo Adán. Estamos unidos a Él por la fe. Somos un cuerpo con Él y por lo tanto, tenemos la responsabilidad de mantener, hasta donde sea posible, la pureza de este cuerpo.

A estas alturas es importante hacer una aclaración. No debemos excluir de la membresía a los que todavía estén luchando con su pecado. En tal caso, tendríamos que salir todos de la iglesia. La exclusión es solo para los que no estén evidenciando la genuinidad de su fe en Cristo por su falta de arrepentimiento y su dureza de corazón.

Aplicar esta medida disciplinaria no es falta de amor, sino todo lo contrario. Mantener en la membresía de la iglesia a una persona que no está dando evidencias de haber nacido de nuevo, es negarle la posibilidad de que vea su condición de pecado y pueda venir a Cristo en arrepentimiento y fe antes de que sea demasiado tarde.

«En el nombre de nuestro Señor Jesús, cuando vosotros estéis reunidos, y yo con vosotros en espíritu, con el poder de nuestro Señor Jesús, entregad a ese tal a Satanás para la destrucción de su carne, a fin de que su espíritu sea salvo en el día del Señor Jesús». (1 Cor. 5:4-5)

Pablo pide a los hermanos de Corinto que apliquen esta medida disciplinaria contra este miembro que había pecado tan groseramente, «a fin de que su espíritu sea salvo en el día del Señor». El propósito esencial de la disciplina es que el hermano que andaba mal pueda ver su pecado y venga en arrepentimiento al Señor. También es importante señalar que tanto en el pasaje de Mateo 18, como en el de 1 Corintios 5, se da por sentado que es la iglesia la que debe actuar en la exclusión de un miembro impenitente, como veremos a continuación.

La autoridad que Cristo le confirió a la iglesia para aplicar la disciplina

«En verdad os digo: todo lo que atéis en la tierra, será atado en el cielo; y todo lo que desatéis en la tierra, será desatado en el cielo». (Mar. 18:18)

Es importante señalar que, de acuerdo al contexto, la actividad de atar y desatar está en manos de la iglesia, no únicamente de sus líderes. Estos dos términos «atar» y «desatar» parecen referirse aquí a la autoridad que Cristo le dio a Su iglesia de excluir de su membresía a una persona que rehúsa arrepentirse de una forma de vida que es contraria a su profesión de fe. Jesús le está dando a Su iglesia la autoridad de hablar en Su nombre en este asunto de la disciplina eclesiástica.

A pesar de las evidentes imperfecciones de las iglesias locales, toda verdadera iglesia de Cristo habla en nombre y representación del cielo. Es por esto que la disciplina en la iglesia debe llevarse a cabo en completa dependencia del Señor en oración.

La necesidad de sabiduría para aplicar la disciplina

«Además os digo, que si dos de vosotros se ponen de acuerdo sobre cualquier cosa que pidan aquí en la tierra, les será hecho por mi Padre que está en los cielos. Porque donde están dos o tres reunidos en mi nombre, allí estoy yo en medio de ellos». (Mar. 18:19-20)

Aunque esta enseñanza sobre la oración es realmente amplia en su alcance, el contexto sugiere que se refiere de manera más particular a pedir sabiduría para actuar en asunto de disciplina. El comentarista Guillermo Hendriksen señala al respecto:

«Se da la seguridad de que aun cuando en cierto lugar la comunión de creyentes esté formada por solo dos personas, aun estos dos, cuando están de acuerdo entre sí, pueden definitivamente contar con la dirección que acaban de pedir».[2]

La iglesia no es un club social en el que lo único que tenemos que hacer es pagar nuestra cuota de membresía, sin importar lo que ocurra con los demás. No. La iglesia es una familia en la que ningún

---

2. Ibid., pág. 737

miembro puede desentenderse de los demás. Eso sería una incoherencia con nuestra profesión de fe.

La iglesia está en el mundo, pero no pertenece al mundo. Estamos aquí para extender el dominio de Cristo a través de la predicación del evangelio, y para proteger los límites de Su dominio en las iglesias locales, cuidándonos unos a otros en amor.

Para que eso sea posible es necesario que las iglesias sean pastoreadas por hombres fieles. Pero también, que estén compuestas por miembros fieles que tomen en serio las implicaciones de la membresía. En toda la historia nunca hubo una ocasión en que un ejército de generales haya ganado una guerra. Se necesitan generales sabios y capaces, así como soldados dispuestos a ser guiados en el campo de batalla. ¿Eres tú un miembro fiel de tu iglesia local? ¿Estás dispuesto a involucrarte en ayudar a un hermano que no anda bien, con tal de ganarlo? ¿Estás dispuesto a que otros te ayuden con tus faltas y pecados?

Como veremos en el siguiente capítulo, el propósito final por el que existe la Iglesia es la manifestación de la gloria de Dios en el mundo. Pero eso solo será posible en la medida en que los miembros de iglesias locales se comporten «de una manera digna del evangelio de Cristo, […] firmes en un mismo espíritu, luchando unánimes por la fe del evangelio» (Fil. 1:27).

9

La gloria de Cristo en Su iglesia

«Y a Aquel que es poderoso para hacer todas las cosas
mucho más abundantemente de lo que pedimos o
entendemos, según el poder que actúa en nosotros, a
él sea gloria en la iglesia en Cristo Jesús por todas las
edades, por los siglos de los siglos. Amén».

Efesios 3:20-21

Al llegar a este punto del libro, espero haber sido capaz de mostrarte la importancia de la membresía de una iglesia local. Es
en ese contexto donde los discípulos de Cristo están siendo conformados gradualmente a la imagen de nuestro Señor y Salvador. Este
argumento debería ser suficiente para convencer a todo aquel que
profesa ser cristiano de que debe unirse a una iglesia local.

Pero hay un aspecto que no hemos tocado aún y que es, de hecho,
la razón primordial por la que ningún verdadero cristiano puede
tomar a la ligera este asunto de la membresía en una iglesia local:
Es en la iglesia, como en ningún otro lugar del planeta, donde Dios
manifiesta Su gloria en el mundo. Las palabras que se usan en la
Biblia para referirse a la gloria de Dios, tanto en el Antiguo Testamento como en el Nuevo Testamento, significan honor, valor superlativo, riqueza, excelente reputación, esplendor. De ahí que Piper

defina la gloria de Dios como «la belleza y excelencia de sus múltiples perfecciones».[1]

Nuestro Dios no es una fuerza, ni un «algo» misterioso. Es un Ser personal, con intelecto, voluntad, y emociones. Un Ser que posee un conjunto de atributos perfectamente balanceados entre sí, y que lo hacen el Ser más extraordinario, más hermoso y más digno de honor y admiración de todo cuanto existe.

La gloria de Dios no depende de que otros la vean y la admiren. Desde toda la eternidad ha sido un Dios magnífico y glorioso, aun cuando nada había sido creado. Y habría permanecido siendo magnífico y glorioso por los siglos de los siglos, aun si hubiera decidido no crear absolutamente nada. Sin embargo, en Su amor y en Su bondad, Dios decidió compartir Su gloria con otras criaturas. Él quiso que otros pudieran experimentar el gozo y el deleite que Él experimenta en la contemplación de Sí mismo. Esa gloria se manifestó en la columna de nube y de fuego que condujo a los hijos de Israel durante el Éxodo. Luego habría de manifestarse en el tabernáculo y el templo (Ex. 40:34-38; 1 Rey. 8:10-11). Pero su manifestación más gloriosa se hizo visible en la persona de Jesús, el Verbo encarnado (Juan 1:1 y 14). Y más particularmente en Su muerte redentora en la cruz del Calvario (2 Cor. 4:3-6). Es en la cruz de Cristo donde podemos contemplar el rayo más potente de la gloria de Dios. Es allí donde convergen, como en ningún otro lugar, la sabiduría, la santidad, la justicia y el amor redentor del Padre.

Pero ahora que Él está sentado a la diestra del Padre, la gloria de Dios en Cristo se hace visible en Su iglesia, que es Su cuerpo. Podemos ir al Cañón del Colorado, o a las Cataratas del Iguazú, y

---

1. John Piper; https://www.desiringgod.org/messages/god-created-us-for-his-glory 2019

quedar extasiados ante la contemplación de tal despliegue del poder creativo de nuestro Dios. Pero es en la iglesia donde se hace evidente el poder del evangelio de Cristo.

Dios ha determinado mostrar Su gloria «en la iglesia, en Cristo Jesús por todas las edades, por los siglos de los siglos», dice Pablo en Efesios 3:21. Y esto a través de la salvación y unidad de los redimidos, como vemos en todo lo que Pablo ha dicho anteriormente en esta carta a los efesios.

La gloria de Dios se hace visible en la iglesia al conformarla de pecadores salvados por gracia

Luego de la salutación que usualmente acompañan sus cartas, Pablo irrumpe en una doxología, alabando a Dios por las abundantes bendiciones que disfrutamos en Cristo.

«Bendito sea el Dios y Padre de nuestro Señor Jesucristo, que nos ha bendecido con toda bendición espiritual en los lugares celestiales en Cristo, según nos escogió en Él antes de la fundación del mundo, para que fuéramos santos y sin mancha delante de Él. En amor nos predestinó para adopción como hijos para sí mediante Jesucristo, conforme al beneplácito de su voluntad, para alabanza de la gloria de su gracia que gratuitamente ha impartido sobre nosotros en el Amado. En Él tenemos redención mediante su sangre, el perdón de nuestros pecados según las riquezas de su gracia que ha hecho abundar para con nosotros». (Ef. 1:3-8)

En estos cinco versículos Pablo menciona cinco veces que todas las bendiciones que Dios nos concede en la salvación son nuestras por el hecho de estar en Cristo, en unión con Cristo. Fuimos bendecidos con toda bendición espiritual «en Cristo», escogidos «en Él», predestinados para ser adoptados como hijos por medio de Él. Es al estar «en el Amado» de Dios que participamos de Su gracia. Y es «en Él» que tenemos redención mediante Su sangre. De manera que la salvación no consiste meramente en algo que Dios nos otorga por medio de Cristo. Tampoco es solo lo que fue logrado por Cristo al morir por nosotros en la cruz del Calvario. Ser salvos es estar en Cristo, unidos a Él como el pámpano está unido a la vid. Dios nos escogió para unirnos a Su Hijo. Y esa es una unión que solo Él puede llevar a cabo. Y, precisamente por eso, solo Él se lleva la gloria en nuestra salvación.

La iglesia es un monumento de la gracia de Dios, ya que ninguno de los individuos que la componen merecía ser salvado. No fue porque Dios previera nada bueno en nosotros que fuimos escogidos, declara Pablo en el versículo 5. Él lo hizo «conforme al beneplácito de su voluntad», o «por el puro afecto de Su voluntad», como leemos en la RVR1960. En otras palabras, Él te escogió porque quiso escogerte. Él te amó porque quiso amarte. Y todo esto, con el propósito expreso de exaltar Su propia gloria:

«Para alabanza de la gloria de su gracia que gratuitamente ha impartido sobre nosotros en el Amado». (Ef. 1:6)

Cuando observamos la iglesia, llena de pecadores salvados por Su bendita gracia, no podemos hacer otra cosa que exaltar la infinita bondad de Dios. Especialmente si tomamos en cuenta todo lo que Él estuvo dispuesto a hacer para salvarnos.

«En Él tenemos redención mediante su sangre, el perdón de nuestros pecados según las riquezas de su gracia que ha hecho abundar para con nosotros». (Ef. 1:7-8)

La palabra «redención» significa «liberación mediante el pago de un precio». Todos merecíamos el justo castigo de Dios por causa de nuestros pecados. Pero Dios decidió pagar el precio exigido por Su propia justicia para nuestra liberación: *la sangre de Su propio Hijo*. Al derramar Su sangre en la cruz, Cristo sufrió en nuestro lugar el castigo que nosotros merecíamos. De manera que ahora Dios puede concedernos un perdón absoluto y total sin pasar por alto Su justicia. ¿Por qué? Porque hubo Alguien que estuvo dispuesto a pagar el precio de nuestra redención. Pero ahora observa lo que sigue diciendo Pablo a partir de la segunda mitad del versículo 8:

> «En toda sabiduría y discernimiento nos dio a conocer el misterio de su voluntad, según el beneplácito que se propuso en Él, con miras a una buena administración en el cumplimiento de los tiempos, es decir, de reunir todas las cosas en Cristo, tanto las que están en los cielos, como las que están en la tierra». (Ef. 1:8b-10)

Dios no se limitó a perdonar nuestros pecados. También quiso darnos a conocer en Su Palabra que el propósito de la obra de Cristo tiene un alcance universal. Cristo no fue a la cruz únicamente para salvar a un grupo de individuos. De hecho, Su propósito es mucho más amplio que el de la conformación de la iglesia.

El pecado introdujo un elemento divisivo y discordante en la creación de Dios. El brillo original de las cosas creadas por Él para Su gloria quedó empañado por causa del pecado. Pero Dios se propuso restaurar Su creación a una gloria aún mayor que la que tenía al principio. Y lo logró al colocar todas las cosas bajo el reinado y autoridad de Cristo.

«Con miras a una buena administración en el cumplimiento de los tiempos, es decir, de reunir todas las cosas en Cristo, tanto las que están en los cielos, como las que están en la tierra». (Ef. 1:10)

Es a eso que se refiere Pablo en Romanos 8:20 cuando declara que «la creación fue sometida a vanidad, no de su propia voluntad, sino por causa de aquel que la sometió, en la esperanza de que la creación misma será también liberada de la esclavitud de la corrupción a la libertad de la gloria de los hijos de Dios» (Rom. 8:20-21).

Viendo un documental sobre los parques nacionales de Estados Unidos, me maravillaba de lo increíblemente hermosa que es esta tierra dañada y corrompida por el pecado. Imagina como será en su restauración. Pablo indica en el versículo 22 que la creación gime como una mujer que está de parto, esperando ese momento en que será plenamente restaurada. Es hacia esa meta que se dirige toda la historia humana, hacia la Suprema exaltación de Cristo como la Cabeza universal de todo lo creado en el cielo y en la tierra.

Y Dios quería que los creyentes supiéramos eso. Él «nos dio a conocer el misterio de su voluntad, según el beneplácito que se propuso en Él» (Ef. 1:9). Dios no se limitó a perdonar todos nuestros pecados, sino que también quiso compartir con nosotros algunos detalles de Sus planes eternos para que sepamos cómo vivir mientras llegamos a Su presencia. Él nos ha dado a conocer el misterio de Su voluntad. Además, expresa Pablo, nos ha revelado en la Escrituras un sinnúmero de cosas que jamás habríamos podido conocer. Y esto, para que pudiéramos vivir con prudencia y sabiduría en esta vida presente. ¡Qué privilegio! Y una de las cosas que Él nos ha revelado es que, al final de la historia, todas las cosas en los cielos y en la tierra, estarán unidas bajo la autoridad y el poder de Cristo. Ahora bien, ¿sabes cuál es el único lugar del planeta donde podemos ver un destello, un avance, de lo que será ese momento cuando Cristo sea visiblemente manifestado como Señor de todo? En medio de Su iglesia. Pablo enseña más adelante que Dios resucitó a Cristo de entre los muertos:

«Y le sentó a su diestra en los lugares celestiales muy por encima de todo principado, autoridad, poder, dominio y de todo nombre que se nombra, no solo en este siglo sino también en el venidero. Y todo sometió bajo sus pies, y a Él lo dio por cabeza sobre todas las cosas a la iglesia, la cual es su cuerpo, la plenitud de aquel que lo llena todo en todo». (Ef. 1:21-23)

Nosotros somos el Cuerpo de aquel que «lo llena todo en todo», y Él es nuestra Cabeza. De manera que es en la iglesia, y solo en la iglesia, donde vemos a un grupo de pecadores redimidos por gracia, que han sido llamados eficazmente a someterse a la autoridad suprema de Cristo como Señor de sus vidas. No hay ningún otro lugar en el mundo, aparte de la iglesia, donde podamos tener un destello de lo que será cuando todo el cosmos se someta a la autoridad de Jesús. Entonces Él será universalmente reconocido como Rey de reyes y Señor de señores. Y aunque ahora la iglesia sea imperfecta, el Señor la está hermoseando poco a poco a través de Su palabra, preparándola para el día de las bodas del Cordero.

«Maridos, amad a vuestras mujeres, así como Cristo amó a la iglesia y se dio a sí mismo por ella, para santificarla, habiéndola purificado por el lavamiento del agua con la palabra, a fin de presentársela a sí mismo, una iglesia en toda su gloria, sin que tenga mancha ni arruga ni cosa semejante, sino que fuera santa e inmaculada». (Ef. 5:25-27)

Dios manifiesta en Su iglesia el poder y la gloria del evangelio de Cristo al conformarla de pecadores salvados por gracia. Pero de igual manera, esa gloria se hace visible en la iglesia a través de la unidad sobrenatural de los redimidos.

La gloria de Dios se hace visible en la iglesia a través de la unidad sobrenatural de los redimidos

En Efesios 2:11, Pablo nos muestra más claramente que el propósito de Dios con la iglesia era formar una comunidad de personas tan diversas, y al mismo tiempo tan unidas entre sí, que desafiara toda explicación humana. Es de esa forma que Él hace visible el poder del evangelio y la gloria de Su sabiduría:

«Recordad, pues, que en otro tiempo vosotros los gentiles en la carne, llamados incircuncisión por la tal llamada circuncisión, hecha por manos en la carne, recordad que en ese tiempo estabais separados de Cristo, excluidos de la ciudadanía de Israel, extraños a los pactos de la promesa, sin tener esperanza, y sin Dios en el mundo». (Ef. 2:11-12)

Entre judíos y gentiles no solo había una separación abismal, sino también una hostilidad irreconciliable. Los gentiles estábamos separados de Cristo, excluidos de la ciudadanía de Israel, extraños a los pactos de la promesa, y en enemistad con el pueblo de Dios:

«Pero ahora en Cristo Jesús, vosotros, que en otro tiempo estabais lejos, habéis sido acercados por la sangre de Cristo. Porque El mismo es nuestra paz, quien de ambos pueblos hizo uno, derribando la pared intermedia de separación, aboliendo en su carne la enemistad, la ley de los mandamientos expresados en ordenanzas, para crear en sí mismo de los dos un nuevo hombre, estableciendo así la paz, y para reconciliar con Dios a los dos en un cuerpo por medio de la cruz, habiendo dado muerte en ella a la enemistad. Y vino y anuncio paz a vosotros que estabais lejos, y paz a los que estaban cerca; porque por medio de El los unos y los otros tenemos nuestra entrada al Padre en un mismo Espíritu. Así pues, ya no sois extraños ni extranjeros, sino que sois conciudadanos de los santos y sois de la familia de Dios, edificados sobre el fundamento de los apóstoles y profetas, siendo Cristo Jesús mismo la piedra angular, en quien todo el edificio, bien ajustado, va creciendo para ser un templo santo en el Señor, en quien también vosotros sois juntamente edificados para morada de Dios en el Espíritu». (Ef. 2:13-22)

Por causa de la obra redentora de Cristo en la cruz del Calvario, ahora los judíos y los gentiles creyentes forman un mismo pueblo, una misma humanidad, una misma familia y un mismo templo espiritual. Todas estas figuras se mezclan en una forma realmente hermosa en estos últimos versículos para mostrarnos la unidad de la iglesia.

En otras palabras, el vínculo que nos une a otros cristianos sobrepasa cualquier vínculo terrenal. Un cristiano dominicano tiene más en común con un cristiano chino que con otro dominicano incrédulo. Un creyente multimillonario, educado en Harvard, tiene más cosas trascendentales en común con otro creyente pobre que apenas sabe leer y escribir, que con otro multimillonario no creyente educado en la misma universidad. Y como vimos en uno de los capítulos anteriores, eso debe ser evidente en la iglesia.

«Yo, pues, prisionero del Señor, os ruego que viváis de una manera digna de la vocación con que habéis sido llamados, con toda humildad y mansedumbre, con paciencia, soportándoos unos a otros en amor, esforzándoos por preservar la unidad del Espíritu en el vínculo de la paz. Hay un solo cuerpo y un solo Espíritu, así como también vosotros fuisteis llamados en una misma esperanza de vuestra vocación; un solo Señor, una sola fe, un solo bautismo, un solo Dios y Padre de todos, que está sobre todos, por todos y en todos». (Ef. 4:1-6)

Cuando una persona del primer siglo entraba en una iglesia cristiana y veía a judíos y a gentiles adorando juntos al mismo Dios y amándose como hermanos, era más que evidente para ese individuo que algo extraordinario había ocurrido allí. Eso desafiaba cualquier explicación natural o sociológica. Es por eso que al principio del capítulo 3, Pablo nos indica que esto es un «misterio». Esta palabra aparece 4 veces en los versículos 1 al 9. Un misterio es una verdad que no habría podido ser conocida a menos que Dios la revelara. Y ¿cuál es ese misterio?

«A saber, que los gentiles son coherederos y miembros del mismo cuerpo, participando igualmente de la promesa en

Cristo Jesús mediante el evangelio, del cual fui hecho ministro, conforme al don de la gracia de Dios que se me ha concedido según la eficacia de su poder». (Efesios 3:6-7)

Ese es el misterio: que Dios ha unido en Cristo, en un mismo cuerpo, lo que jamás habría podido unirse de manera natural. Y todo eso, otra vez, para la gloria de Su Nombre.

«A mí, que soy menos que el más pequeño de todos los santos, se me concedió esta gracia: anunciar a los gentiles las inescrutables riquezas de Cristo, y sacar a luz cuál es la dispensación del misterio que por los siglos ha estado oculto en Dios, creador de todas las cosas; a fin de que la infinita sabiduría de Dios sea ahora dada a conocer por medio de la iglesia a los principados y potestades en las regiones celestiales». (Ef. 3:8-10)

El propósito de esta unidad en la diversidad es hacer un despliegue de la «multiforme sabiduría de Dios», como lo traduce la RVR1960. *Multiforme* es una palabra griega que señala algo sumamente colorido. Es la misma palabra que se usa en la Septuaginta (LXX), una versión griega del Antiguo Testamento, para referirse a la túnica de diversos colores que Jacob le regaló a José. La sabiduría multicolor o «multiesplendorosa» de Dios, viene a ser evidente a través de la iglesia, una comunidad multirracial y multicultural que forma un hermoso tapiz a los ojos de Dios.

La gente suele agruparse en el mundo en torno a las cosas que tienen en común: la edad, el nivel socioeconómico o educacional, la profesión, el estado civil. Pero eso no es lo que ocurre en la iglesia. Lo que hace esta comunidad algo tan sorprendente, es que Dios es capaz

EL CUERPO DE CRISTO

de unir en un solo cuerpo a personas extremadamente diversas entre sí. Personas que lo único que tienen en común es la unión con Cristo por medio de la fe. Es en ese contexto donde se hace evidente la sabiduría de Dios y el poder del evangelio. Esto es algo tan contundente, que la multiforme sabiduría de Dios se da a conocer «por medio de la iglesia a los principados y potestades en los lugares celestiales».

Los ángeles aprenden acerca de la sabiduría de Dios a través de la iglesia. Por eso alguien ha dicho que «la historia de la iglesia es como una "escuela de posgrado" para los ángeles».[2] Ellos se deleitan contemplando la forma tan sorprendente como Dios está llevando a cabo Sus propósitos eternos en Cristo Jesús (Ef. 3:11).

¿Cuál es ese propósito eterno que Dios está llevando a cabo? El de unir todas las cosas bajo el señorío y la autoridad de Cristo, como señala Pablo en Efesios 1:10. Y una vez más, ¿dónde podemos ver un avance de lo que será esa armonía universal cuando Cristo regrese en gloria? Únicamente en medio de una comunidad de redimidos realmente distintos entre sí que se aman por causa de Cristo. Es en la iglesia, y solo en la iglesia, donde podemos ver el tipo de unidad que fluye de la cruz de Cristo. Él derribó la pared intermedia de separación para que seamos un solo pueblo, en el que todos sus componentes se aman entre sí como fruto del amor con el que hemos sido amados por Dios. De ahí lo que Pablo pide en oración por estos creyentes:

«Por esta causa, pues, doblo mis rodillas ante el Padre de nuestro Señor Jesucristo, de quien recibe nombre toda familia en el cielo y en la tierra, que os conceda, conforme a las riquezas de su gloria, ser fortalecidos con poder por su

---

2. Stott, John, *El mensaje de Efesios*, (San Sebastián: Editorial Certeza Unida, 2006), 115.

Espíritu en el hombre interior; de manera que Cristo more por la fe en vuestros corazones; *y* que arraigados y cimentados en amor, seáis capaces de comprender con todos los santos cuál es la anchura, la longitud, la altura y la profundidad, y de conocer el amor de Cristo que sobrepasa el conocimiento, para que seáis llenos hasta la medida de toda la plenitud de Dios». (Ef. 3:14-19)

Esto es demasiado denso como para explicarlo en este capítulo; pero al menos quiero que veas la conexión de esta oración con nuestro tema.

Pablo le pide al Padre en oración que fortalezca a estos creyentes con poder a través de Su Espíritu, de manera que ellos sean capaces de comprender, en el contexto de la iglesia («con todos los santos»), el incomprensible amor de Cristo. No de una manera meramente intelectual, sino experimental. Esta palabra que se traduce como «comprender» en el versículo 18, da la idea de «saltar sobre alguien y subyugarlo». Se trata de una comprensión del amor de Cristo que te atrapa de tal manera que trastorna completamente tus valores y tu percepción de las cosas.

De repente te das cuenta de que eres tan amado, que puedes entregarte por entero a amarlo a Él amando a los demás. Su amor potencializa y pone en movimiento nuestro amor. De manera que las tres personas de la Trinidad actúan al unísono para cumplir Su propósito eterno en la iglesia. Y ese propósito no es otro que manifestar la gloria de Su sabiduría en medio de ese grupo de personas que son amadas por Cristo y que se aman entre sí.

Ahora estamos mejor equipados para comprender las palabras de Pablo en Efesios 3:20-21:

EL CUERPO DE CRISTO

«Y a aquel que es poderoso para hacer todo mucho más
abundantemente de lo que pedimos o entendemos, según
el poder que obra en nosotros, a El sea la gloria en la iglesia
y en Cristo Jesús por todas las generaciones, por los siglos
de los siglos. Amén». (Ef. 3:20-21)

Lo que Pablo pide en oración en los versículos 14 al 19 del capítulo 3
es completamente imposible. Ese tipo de experiencia del amor de
Cristo que nos subyuga por completo, y que nos mueve eficazmente
a amar a nuestros hermanos en la fe, no puede producirse natural-
mente. Por eso Pablo nos recuerda al final de su oración que nuestro
Dios es capaz de obrar más allá de aquellas cosas que pedimos y
que parecen imposibles, siempre que sean conforme a Su voluntad.
Y es conforme a Su voluntad que la Iglesia demuestra Su gloria, y
el poder de Su evangelio, a través de esa unidad sobrenatural entre
personas que son sumamente distintas entre sí. Y aunque la Iglesia
no es ahora todo lo que llegará a ser cuando estemos en la presencia
de nuestro Señor y Salvador, ella es ahora, a pesar de sus evidentes
imperfecciones, el tesoro más preciado que Dios tiene en el mundo.

Cristo amó a Su Iglesia y se entregó a sí mismo por ella, para salvarla
y santificarla. La amó con un amor que traspasa la barrera del tiempo,
cuando fuimos escogidos en Él desde antes de la fundación del mundo.

La Iglesia es el cuerpo de Cristo. Es la novia del Cordero. Un gran
templo espiritual, multiétnico y multicolor, en el que Dios manifiesta Su
presencia especial en el mundo. Un templo a través del cual los ángeles
contemplan asombrados la *multiesplendorosa* sabiduría de Dios. Eso es la
Iglesia, la niña de los ojos de Dios, la esposa que Él escogió para Su Hijo,
aun sabiendo de antemano el precio que tendría que pagar por ella.

Y ahora yo te pregunto: ¿Estás viendo a la Iglesia a través de los ojos
de Dios, o a través del individualismo y el consumismo de nuestra

generación? ¿Estás creciendo en tu aprecio por tu iglesia, porque sabes que es en ella, como en ningún otro lugar, donde brilla en todo su esplendor la gloria de Dios y el poder del evangelio? ¿O más bien te estás aislando de tus hermanos en Cristo y sintiéndote cada vez más apático en todo lo relacionado con la vida y ministerio de tu iglesia local?

Si tu eres creyente, yo quiero ayudarte a ver la iglesia como Dios la ve. Yo quiero convencerte de que es un enorme privilegio ser parte integral de una iglesia, y poder congregarte cada domingo con el grupo de redimidos salvados por gracia.

No se trata simplemente de reunirte a cantar unos cuantos himnos y escuchar un mensaje. Eso lo puedes hacer en casa a través de la Internet. Se trata mas bien de estar en medio de ese templo espiritual. Allí donde Dios manifiesta Su gloriosa presencia cuando nos congregamos en Su nombre para proclamar el evangelio. Porque donde Su Palabra es fielmente proclamada, allí está Dios. Dios y Su Palabra vienen unidos. Dios está donde Su Palabra está. ¿Te congregas los domingos con esa expectativa de encontrarte con Dios y con Su pueblo?

El Señor se pasea en medio de los siete candeleros de oro, expresa el apóstol Juan en Apocalipsis 1:13. Ese encuentro no va a ocurrir a través del Internet. Eso se hace realidad en medio de los redimidos del Cordero, cuando un hombre común y corriente está proclamando la Palabra de Dios en debilidad, pero por el poder del Espíritu Santo.

Debemos congregarnos cada domingo con la expectativa de contemplar por la fe un destello de lo que será cuando el señorío y la autoridad de Cristo venga a ser evidente en todo lo creado. Con la disposición de asombrarnos junto a los ángeles en los cielos, al ver la gloria de la sabiduría y la bondad infinita de Dios, en la salvación de pecadores que no merecían otra cosa que juicio y condenación.

Debemos anhelar con todo nuestro corazón tener el privilegio de ser usados por Dios en la magnífica obra de hermosear a la esposa de Su Hijo, poniendo nuestros dones en operación, mientras otros nos ministran por medio de los dones que Dios les ha dado. Debemos esperar con expectación la llegada de las bodas del Cordero. Cuando todos los creyentes de todas las épocas nos congregaremos en una sola asamblea para darle a Él, y solo a Él, toda la gloria, el honor y la adoración que solo a Él le corresponde.

Quiera el Señor usar este libro para darte esa perspectiva divina de la iglesia. Que puedas resistir el molde individualista y consumista de nuestra generación. Y que así puedas seguir siendo transformado por medio de la renovación de tu entendimiento, para la suprema exaltación de Aquel que es la Cabeza de Su cuerpo que es la iglesia, «la plenitud de Aquel que lo llena todo en todo».

«Y a Aquel que es poderoso para hacer todas las cosas mucho más abundantemente de lo que pedimos o entendemos, según el poder que actúa en nosotros, a él sea gloria en la iglesia en Cristo Jesús por todas las edades, por los siglos de los siglos. Amén».

10

La realidad de la iglesia en este mundo caído

Como hemos visto en los capítulos anteriores, el Nuevo Testamento presupone que todos aquellos que profesen ser cristianos y pertenecer a la familia de la fe deben ser parte de una iglesia local específica, con sus miembros y líderes particulares. La membresía de la iglesia no es opcional para el cristiano. La iglesia ocupa un lugar central en el propósito redentor de Dios, y debe ocupar un lugar central en la vida de todo creyente.

En ella somos pastoreados, cuidados, nutridos. En ella podemos poner nuestros dones en acción y llevar a cabo todos los deberes mutuos que encontramos en los textos de «unos a otros» del Nuevo Testamento. En pocas palabras, en el contexto de la iglesia local, el cristiano se beneficia de una interacción vital con el resto de los miembros del cuerpo. Nadie podrá desarrollar y mantener una vida espiritual saludable y balanceada sin ser parte activa de una iglesia local.

Sin embargo, a pesar de lo importante que la iglesia es para el creyente y para el testimonio de la verdad en el mundo, de este lado de la eternidad la iglesia está lejos de ser una comunidad perfecta, como vimos en el pasaje de Mateo 18 que consideramos en el capítulo 8. Los miembros que componen la iglesia no son perfectos. Cada uno de ellos se encuentra en un proceso de madurez y crecimiento que no siempre será indoloro, ni para ellos ni para los demás. Hay un factor que hace la situación más agravante: nos encontramos en medio de un campo de batalla en donde luchamos contra un enemigo astuto y cruel, el cual hará todo lo que esté a su alcance para dividirnos, estorbar nuestro crecimiento e inutilizar nuestro testimonio en el mundo.

Cuando los creyentes no están conscientes de esa realidad, en vez de beneficiarse de ser parte de una iglesia, muchas veces terminan encontrando tropiezos innecesarios al haberse forjado expectativas irrealistas que luego se verán frustradas. ¿Cuál es la realidad de la iglesia de este lado de la eternidad, mientras se encuentre militando en este mundo caído? Y ¿qué expectativas debemos tener con respecto a ella, a la luz de lo que la iglesia realmente es, no del ideal que nosotros quisiéramos que fuese?

La realidad de la Iglesia

Hay varios aspectos que debemos tomar en cuenta a la hora de evaluar la iglesia en su condición actual.

La realidad de su composición mixta

Idealmente, las iglesias locales debieran estar compuestas únicamente por creyentes, personas transformadas por el poder de Dios que han experimentado un nuevo nacimiento. Esa es una de las diferencias fundamentales entre el pueblo de Dios del antiguo pacto y el pueblo de Dios en el nuevo pacto.

En el período del Antiguo Testamento, todos los israelitas circuncidados pertenecían al pueblo del pacto, independientemente de la condición de su corazón. No todos eran salvos, pero todos disfrutaban beneficios y tenían responsabilidades por el mero hecho de ser parte de esa nación con la cual Dios había hecho un pacto. Pero en el libro de Jeremías Dios anuncia la llegada de un nuevo pacto. Este pacto sería muy diferente del anterior en algunos aspectos:

> He aquí que vienen días, dice Jehová, en los cuales haré nuevo pacto con la casa de Israel y con la casa de Judá. No como el pacto que hice con sus padres el día que tomé su mano para sacarlos de la tierra de Egipto; porque ellos invalidaron mi pacto, aunque fui yo un marido para ellos, dice Jehová. Pero este es el pacto que haré con la casa de Israel después de aquellos días, dice Jehová: Daré mi ley en su mente, y la escribiré en su corazón; y yo seré a ellos por Dios, y ellos me serán por pueblo. Y no enseñará más ninguno a su prójimo, ni ninguno a su hermano, diciendo: Conoce a Jehová; porque todos me conocerán, desde el más pequeño de ellos hasta el más grande, dice Jehová; porque perdonaré la maldad de ellos, y no me acordaré más de su pecado (Jer. 31:31–34).

El pueblo de Dios del nuevo pacto, a diferencia del antiguo, solo estaría compuesto por hombres y mujeres regenerados, con la ley de Dios escrita en sus mentes y corazones. Esos hombres y mujeres regenerados son los únicos que debieran venir a formar parte de la membresía de una iglesia local. Noten cómo Pablo los describe en 1 Corintios 1:1–2:

> Pablo, llamado a ser apóstol de Jesucristo por la voluntad de Dios, y el hermano Sóstenes, a la iglesia de Dios que está en Corinto, a los santificados en Cristo Jesús, llamados a ser

santos con todos los que en cualquier lugar invocan el nombre de nuestro Señor Jesucristo, Señor de ellos y nuestro.

Es obvio que las personas que Pablo tiene en mente aquí son creyentes genuinos. Es por eso que en la iglesia que pastoreo, los ancianos entrevistamos a todos aquellos que quieren formar parte de la membresía. Después de eso los presentamos públicamente para la consideración de todos antes de bautizarlos y recibirlos como miembros. Queremos asegurarnos, hasta donde sea posible, que las personas que pasan a formar parte de la iglesia estén mostrando los frutos de una verdadera conversión. No que sean creyentes maduros, porque ese no es un requisito bíblico para aplicar a la membresía de una iglesia local, pero sí que manifiesten los frutos de un verdadero arrepentimiento y fe en el Señor Jesucristo.

Sin embargo, por más cuidadosos que seamos, ninguna iglesia del mundo puede garantizar que nunca un inconverso vendrá a formar parte de su membresía, porque nuestro juicio es falible y nuestra capacidad de evaluación es limitada. Podemos y debemos evaluar qué tanto ha entendido una persona la esencia del evangelio y los frutos externos de su profesión de fe, pero no podemos ver su corazón. Y es posible que cometamos errores de juicio.

Es por eso que en el proceso de la disciplina eclesiástica, Cristo mismo establece la posibilidad de excluir de la membresía a algunos que habían sido previamente incluidos. Ese es un problema con el que la iglesia tendrá que lidiar hasta la venida del Señor.

Aun durante la era apostólica, algunos inconversos fueron bautizados, como el caso de Simón el mago en Samaria (Hech. 8:13). Otros alcanzaron posiciones de liderazgo, como Demas, por ejemplo, que vino a ser un colaborador del apóstol Pablo (Col. 4:14; Filem. 24; comp. 2 Tim. 4:10).

Esa es la razón por la que encontramos tantas advertencias en contra de la apostasía en muchas de las cartas del Nuevo Testamento. Los apóstoles no asumían que todos los que pertenecían a la membresía eran creyentes genuinos, porque algunos ya habían apostatado, y seguramente no serían los únicos (comp. 1 Jn. 2:19). Esa es una realidad que afecta la vida de la iglesia «debajo del sol». Por eso es tan importante que toda iglesia aplique la disciplina eclesiástica cuando el caso lo amerite. El propósito primordial de la disciplina es restaurar a los verdaderos creyentes cuando caen, es decir, ganar al hermano (Mat. 18:15). Pero la disciplina tiene también el propósito secundario de purificar la iglesia de falsos profesantes, cuando su conducta visible y su actitud impenitente nos permiten actuar. Esa es una triste realidad con la que la iglesia tendrá que lidiar hasta que venga Cristo.

Podemos tratar de evitar ese trauma al rebajar los estándares del evangelio o dejar de aplicar la disciplina eclesiástica. Pero estaríamos siendo infieles al Señor, y le haríamos un daño enorme a muchas almas que probablemente se engañan a sí mismas al creer que son lo que en realidad no son.

De manera que, por más clara que sea la predicación en una iglesia, y por más cuidadosos que sean los pastores al examinar la profesión de fe de los que quieren venir a formar parte de la membresía, ninguna iglesia puede garantizar cien por ciento que no se añadirán incrédulos a la lista de miembros.

Sin embargo, no todos los pecados que afectan el testimonio y la vida de la iglesia provienen de miembros incrédulos. Así como debemos tomar en cuenta la realidad de la composición mixta de la iglesia, también debemos tomar en cuenta la realidad de la lucha que experimentan cada día todos aquellos que en verdad han creído.

La realidad de su lucha

Efesios 6:10–13 nos da una de las advertencias más solemnes acerca de los peligros que los cristianos tendremos que enfrentar:

Por lo demás, hermanos míos, fortaleceos en el Señor, y en el poder de su fuerza. Vestíos de toda la armadura de Dios, para que podáis estar firmes contra las asechanzas del diablo. Porque no tenemos lucha contra sangre y carne, sino contra principados, contra potestades, contra los gobernadores de las tinieblas de este siglo, contra huestes espirituales de maldad en las regiones celestes. Por tanto, tomad toda la armadura de Dios, para que podáis resistir en el día malo, y habiendo acabado todo, estar firmes.

Esta es una advertencia solemne, pero también es una palabra de estímulo. Estamos enfrentando un enemigo poderoso, pero los recursos que tenemos a la mano le exceden en poder: «Fortaleceos en el Señor y en el poder de Su fuerza. Vestíos de toda la armadura de Dios».

Tanto la fuerza como la armadura provienen del Dios todopoderoso, y tanto una cosa como la otra están a nuestra disposición para que podamos retener nuestra firmeza hasta el final del combate. Pero que a nadie se le ocurra enfrentar a ese enemigo en sus propias fuerzas, y mucho menos tomarlo a la ligera, porque él no está jugando a la guerra. Satanás odia a Dios con todo su ser, y su foco de ataque es la iglesia. El diablo no tiene que ocuparse de los bares o de los prostíbulos, porque esos lugares son suyos. Tampoco se preocupa en lo más mínimo por las iglesias y religiones apóstatas que hacen creer a las personas que van camino al cielo, cuando en realidad se dirigen a una condenación eterna.

Satanás ataca a esos hombres y mujeres a quienes Pablo exhorta a ponerse la armadura de Dios. Por eso dice: «Por lo demás, hermanos míos, fortaleceos en el Señor y en el poder de su fuerza» (Ef. 6:10). Es a los miembros de la iglesia en Éfeso a quienes Pablo dirige esta exhortación, porque la iglesia es el blanco de los ataques del enemigo.

Satanás no puede robarnos la salvación que Cristo compró para nosotros a precio de Su bendita sangre, pero sí puede tratar de dividirnos, frenar nuestro crecimiento espiritual o desviarnos de nuestra fidelidad y obediencia. En otras palabras, él hará todo lo que sea necesario para minar nuestra utilidad en el reino o para que vengamos a ser motivo de escarnio al nombre de nuestro Señor.

Todavía no hemos llegado al cielo. Estamos en un campo de batalla y luchamos contra el diablo, el mundo y el pecado que todavía mora en nosotros. Si nos descuidamos, tarde o temprano sufriremos el daño y ocasionaremos que otros sufran también. Por eso nos dice: «fortaleceos en el Señor y en el poder de su fuerza». Debemos vestirnos de toda la armadura que Él nos ha provisto, porque de lo contrario saldremos heridos, y es probable que hiramos a otros creyentes también.

Otros han caído en el pasado. Esto debe ser una advertencia para nosotros, porque en nuestra debilidad nosotros podemos caer también si nos descuidamos y dejamos de ampararnos en la gracia de Dios. De ahí la advertencia de Pablo en Gálatas 6:1: «Hermanos, si alguno fuere sorprendido en alguna falta, vosotros que sois espirituales, restauradle con espíritu de mansedumbre, considerándote a ti mismo, no sea que tú también seas tentado».

Sin embargo, esta es una moneda con dos caras. Así como no debemos pasar por alto la realidad de la lucha que los creyentes tienen que librar día tras día mientras permanezcan en territorio enemigo, tampoco debemos pasar por alto la victoria que muchos han experimentado, y siguen experimentando, en medio de grandes tentaciones y dificultad.

La realidad de su victoria

Escuché de un profesor que mostró a sus alumnos una cartulina blanca con un punto negro en el medio. Cuando el profesor le preguntó a la clase: «¿Qué ven?», respondieron: «Un punto negro». Esa es una respuesta interesante, porque la mayor parte de la superficie de la cartulina era blanca, pero lo que llamó la atención de todos fue el punto negro en medio.

Lamentablemente, parte inherente de nuestra naturaleza humana es que nos concentramos en lo negativo, y fácilmente perdemos de vista todo lo que está bien. Por eso, cuando pensamos en el pueblo de Dios, muchas veces lo primero que suele venir a nuestra mente es el punto negro en la cartulina blanca. ¿Por qué? Porque el resto lo damos por sentado.

Muchos se dan cuenta si un hermano llega tarde al culto, y entendemos la razón: nadie debería llegar tarde a los servicios de la iglesia, a no ser por una causa de fuerza mayor. Pero, seamos honestos, ¿cuándo fue la última vez que dimos gracias al Señor por la enorme cantidad de hermanos que son puntuales? La verdad es que ni siquiera lo notamos porque están haciendo lo que deben hacer. Y eso puede aplicarse a muchas otras áreas en la vida de la iglesia.

Debemos hacer el esfuerzo consciente de estar más al acecho de aquellos motivos por los cuales dar gracias a Dios, y luchar contra la tendencia a concentrarnos únicamente en lo malo. En ese sentido, Pablo es un buen ejemplo a imitar (comp. Rom. 1:8; 1 Cor. 1:4–7; Ef. 1:15–16; Fil. 1:3–5).

De la misma manera, debemos estar más conscientes de que nuestros hermanos, al igual que nosotros, están peleando diariamente una batalla en la que obtienen grandes victorias de las que nadie se enterará: el creyente que quitó la vista para no ver una escena subida de tono, o aquel otro que se levantó temprano para tener comunión con el Señor y orar por sus hermanos. Esas son cosas que nadie ve, excepto Dios. Pero son grandes victorias de muchos de nuestros hermanos, obtenidas con gran determinación y en dependencia de la gracia de Dios.

El pecado suele hacer ruido, y podemos llevarnos la impresión de que todo se está cayendo en pedazos. Pero la realidad de la obra que Dios está haciendo en medio nuestro es mucho más amplia de lo que nuestros ojos pueden ver. Elías creyó por un momento que se había quedado solo, que era el único profeta fiel a Jehová, pero Dios le hizo ver que había otros siete mil que no habían doblado la rodilla delante de Baal (1 Rey. 19:18).

Sí, estamos en una lucha, y lamentablemente algunos han sido heridos en la batalla. Seguramente no serán los únicos. Pero mira a tu alrededor, porque hay muchos que continúan en la carrera, en algunos casos a campo traviesa, habiendo enfrentado muchas dificultades y peligros. Esas son muestras tangibles del cuidado y la protección de Dios sobre Su iglesia en general y sobre cada uno de Sus hijos en particular.

A la luz de esa realidad, ¿cuál debe ser nuestra expectativa de la iglesia en este mundo, de este lado de la eternidad? ¿Qué debemos esperar de ella?

La expectativa realista de la Iglesia

No debemos tener una expectativa romántica con respecto a la iglesia. Algunos llegan a la iglesia y piensan que han encontrado la sociedad perfecta: todos se aman con sinceridad, nadie tiene prejuicios, nadie habla mal de nadie, todo el mundo está deseoso de servir a los demás. Eso no es real. De hecho, el Nuevo Testamento no asume que la vida de las iglesias locales será así. De ahí todos los principios que encontramos en las cartas apostólicas sobre solución de conflictos dentro de la iglesia.

Pensemos por un momento en lo que ocurre en el contexto de las iglesias locales. Todos estamos lidiando con nuestros propios pecados. Los creyentes nos vemos sometidos a una amplia gama de tentaciones, y estamos en diferentes niveles de crecimiento espiritual; aparte de los diversos trasfondos culturales, sociales y educacionales.

Entre nosotros hay nuevos creyentes que todavía tienen trazas de su antiguo patrón de vida. Otros han llegado con mucho entusiasmo pero poca sabiduría, y necesitan mucha instrucción y paciencia. Y también hay viejos creyentes que ya han olvidado los conflictos que experimentaron cuando todavía eran jóvenes en la fe. Esa es la iglesia en el mundo real.

Sin embargo, no por eso debemos asumir una postura pesimista con respecto a la iglesia. Esos mismos que llegan con una visión romántica de lo que la iglesia es, generalmente son los mismos que se van al otro extremo cuando comprueban que la realidad no es como pensaron al principio. Y luego los escuchamos hablar de la iglesia con mucha amargura y resentimiento. «La iglesia está llena de hipócritas». «He decidido no pertenecer a ninguna iglesia local». Y la famosa frase: «Yo no sigo a hombres, sino a Cristo».

Esa es una postura cínica con respecto a la iglesia local. La iglesia continúa siendo la sociedad de los redimidos del Cordero, el cuerpo de Cristo, la comunidad sobre la cual Dios tiene Sus ojos, el instrumento por medio del cual Dios proclama y preserva la verdad en el mundo (1 Tim. 3:14–15), el lugar en el que Cristo manifiesta Su gloriosa presencia cuando dos o tres se congregan en Su nombre, el medio por el cual operan los dones que Cristo da a Su pueblo para edificar a los santos. Y sobre todas las cosas, la Iglesia es el pueblo con el que tendremos comunión por toda la eternidad en la presencia de Dios.

Sí, debemos tener una expectativa realista de la iglesia de este lado de la eternidad, pero no una expectativa pesimista. A través de los siglos, la Iglesia de Cristo ha tenido que pelear muchas batallas, y muchos han celebrado anticipadamente su desaparición. Pero como bien se ha dicho, han repicado las campanas y han anunciado su muerte, pero el cadáver nunca ha aparecido.

Hasta que nuestro Señor Jesucristo regrese en gloria, seguiremos palpando la realidad de la iglesia en este mundo caído: la realidad de su membresía mixta, la realidad de su lucha y la realidad de su victoria. Es en ese contexto que Cristo continuará haciendo Su obra en el mundo. Y podemos estar completamente seguros de que Él cumplirá Su promesa: «… edificaré mi iglesia, y las puertas del Hades no prevalecerán contra ella» (Mat. 16:18). Más aún, es en ese contexto que nuestro Dios y Padre continuará obrando en nuestros corazones para conformarnos cada vez más a la imagen de Su Hijo.

Problemas vendrán. Algunos quedarán postrados en el camino, y serán de escarnio al evangelio y al pueblo del Señor. Pero nosotros debemos con determinación seguir predicando fielmente Su Palabra y, amparados en la gracia de Su Espíritu, continuar conformando nuestras vidas a Su voluntad revelada. Cristo seguirá usando hombres y mujeres débiles para hacer Su obra, y todos nosotros tenemos el privilegio de ser parte de esa empresa, para la gloria de Dios y la expansión de Su reino.

Y cuando Él regrese en gloria, Su Iglesia será presentada delante de Cristo como una esposa sin «mancha ni arruga ni cosa semejante»

(Ef. 5:27). El apóstol Juan, en el libro de Apocalipsis, nos da un cuadro hermoso de lo que la Iglesia será en ese momento:

> Y oí como la voz de una gran multitud, como el estruendo de muchas aguas, y como la voz de grandes truenos, que decía: ¡Aleluya, porque el Señor nuestro Dios Todopoderoso reina! Gocémonos y alegrémonos y démosle gloria; porque han llegado las bodas del Cordero, y su esposa se ha preparado. Y a ella se le ha concedido que se vista de lino fino, limpio y resplandeciente; porque el lino fino es las acciones justas de los santos. Y el ángel me dijo: Escribe: Bienaventurados los que son llamados a la cena de las bodas del Cordero. Y me dijo: Estas son palabras verdaderas de Dios. […] Vi un cielo nuevo y una tierra nueva; porque el primer cielo y la primera tierra pasaron, y el mar ya no existía más. Y yo Juan vi la santa ciudad, la nueva Jerusalén, descender del cielo, de Dios, dispuesta como una esposa ataviada para su marido. […] Vino entonces a mí uno de los siete ángeles que tenían las siete copas llenas de las siete plagas postreras, y habló conmigo, diciendo: Ven acá, yo te mostraré la desposada, la esposa del Cordero. Y me llevó en el Espíritu a un monte grande y alto, y me mostró la gran ciudad santa de Jerusalén, que descendía del cielo, de Dios, teniendo la gloria de Dios. Y su fulgor era semejante al de una piedra preciosísima, como piedra de jaspe, diáfana como el cristal. […] Y el muro de la ciudad tenía doce cimientos, y sobre ellos los doce nombres de los doce apóstoles del Cordero (Apoc. 19:6–9; 21:1–2,9–11,14).

Eso es lo que la Iglesia será finalmente. ¿Pudiéramos nosotros comenzar a contemplar ese final glorioso con los ojos de la fe, de tal manera que nuestros corazones se llenen de admiración adelantada por esa Iglesia que compartirá de ese modo la gloria de Dios, mientras nos gozamos con un gozo inefable y glorioso por tener el enorme privilegio de ser parte de todo esto?

Que el Señor nos ayude a cultivar una pasión creciente por Su Iglesia en la misma medida en que se acrecienta nuestra pasión por Él. Y si este libro te fue de ayuda para encender aún más esa llama, el esfuerzo habrá valido la pena. Esa es mi oración por todos los que tengan la oportunidad de leerlo.